99 FEDERLEICHTE VEGETARISCHE GENUSSREZEPTE

99 FEDERLEICHTE VEGETARISCHE GENUSSREZEPTE

TEXT: BETTINA MATTHAEI
FOTOS: WOLFGANG SCHARDT

F

Cuisine

INHALT

vegetarisch & leicht

... zwei gute Vorsätze, deren Umsetzung sich lohnt. Und eine weitere tolle Idee passt noch ausgezeichnet dazu: Saisonal sollte die gesunde Küche auch sein. Und wenn möglich, kommen die frischen Zutaten dafür aus der Region ...

Essen und Genießen hat immer etwas mit individuellen Vorlieben zu tun. Aus dem üppigen Angebot von Gemüse, Salat, Obst, Getreide, Nüssen, Hülsenfrüchten und Sojaprodukten ist sicher für jeden Geschmack etwas dabei. Natürlich haben wir auch andere Aspekte berücksichtigt: Wenig Aufwand beim Vorbereiten und Kochen sowie die Verwendung von preiswerten Lebensmitteln. Das lässt sich nicht alles in jedem Rezept realisieren.

Beim vegetarischen und leichten Kochen ist die Auswahl der Zutaten wichtig – denn erst, wenn die verschiedenen Geschmacksempfindungen in einem Gericht angesprochen werden, schmeckt das Essen rund und ausgewogen. Gut, wenn man die einzelnen Lebensmittel geschmacklich erkennen und zuordnen kann. Eher neutrale Lebensmittel wie Kartoffeln, Nudeln und Linsen oder Reis und Getreide sind offen für viele geschmackliche Kombinationen und Variationen. Man kann nach Herzenslust experimentieren mit herben Kräutern, süßlichen Früchten, erdigen oder scharfen Gewürzen und der großen Vielfalt edler Essige und Öle. Nicht zu vergessen die intensive Würzkraft von Kapern, kräftigem Käse oder getrockneten Tomaten. Ein Risotto oder Bulgur bekommt durch kleine Würfel von Möhren, Staudensellerie oder Kürbis einen angenehmen Biss und deutlich mehr Volumen. Und eine kleine Portion Bandnudeln wird durch »Nudeln« aus Zucchini oder Möhren schön groß.

Das ganze Jahr über können wir frisches Gemüse in großer Auswahl kaufen. Bei Gemüse kann man seiner Lust nahezu ohne Einschränkungen nachgehen – es darf gerne immer etwas mehr sein. Eine große Portion, langsam gegessen und gut gekaut, ist genau das Richtige. Ein Blick auf die Kalorientabelle verrät: Eine Portion Gemüse von 400–500 Gramm hat weniger als 100 kcal. Natürlich wollen wir nicht nur Gemüse auf dem Teller haben, aber mit Gemüse lassen sich stärkereiche Lebensmittel wie Reis, Nudeln, Kartoffeln oder Couscous perfekt ergänzen. So lassen sich auch beim Frühstück, Büro-Lunch oder Abendessen aus wenig Kalorien XXL-Sattmacher-Portionen zaubern.

Bei Salaten muss man einplanen, ob ein sanfter Kopfsalat, ein herzhafter Romanasalat, ein herber Friséesalat oder ein bitterer Radicchio verwendet wird, um zu wissen, welche Zutaten für ein leichtes Dressing die perfekte Ergänzung sind. Schauen Sie sich unsere Salatrezepte einmal genauer an: Spargel-Rhabarber-Salat mit Erdbeerdressing oder Rote Bete mit Ananas und Granatapfel – da gibt es unendlich viele Kombinationsmöglichkeiten. Und die sind nicht nur geschmacklich umwerfend gut, sondern ausgesprochen freundlich zur Figur.

Neugier und Experimentierfreude helfen bei der Umstellung auf eine vegetarische, leichte Ernährung weiter, und zwar indem wir neue Lebensmittel kennenlernen, ungewöhnliche Kombinationen ausprobieren und alles bewusst schmecken und genießen. Das sind die besten Voraussetzungen für eine dauerhaft gesunde Ernährung.

Viel Spaß & guten Appetit mit unseren
99 federleichten vegetarischen Genussrezepten!

essig, öl und kräuter

Auch wenn in der leichten vegetarischen Küche Fett als wichtiger Geschmacksträger reduziert wird, gibt es viele andere Möglichkeiten für spannende Geschmackserlebnisse. Zum einen durch die gekonnte Kombination der Zutaten, zum anderen sind Kräuter, Gewürze und würzende Zutaten wahre Künstler in Sachen Geschmack.

Feine Essigsorten

Ein echter Aceto balsamico besteht aus eingekochtem Traubenmost und trägt den Namen »**Aceto Balsamico tradizionale di Modena**« oder »**Aceto tradizionale di Reggio Emilia**«. Er wird vergoren und reift mehrere Jahre in Holzfässern. Erstklassige Sorten erkennt man an der tiefdunklen Farbe, der hohen Viskosität und am intensiven Geschmack. Den günstigeren **Aceto balsamico di Modena** gibt es in unterschiedlicher Qualität. Er wird aus Traubenmost und Weinessig hergestellt. Er sollte weder Konservierungsstoffe noch Zuckercouleur enthalten. **Aceto balsamico bianco** schmeckt ausgewogen süß-säuerlich und fruchtig. Er wird aus Traubensaftkonzentrat und Weinessig hergestellt. Die lange Lagerung entfällt. **Apfelbalsamessig** ist eine kostbare Spezialität und nicht mit normalem Apfelessig vergleichbar. Er wird wie Aceto Balsamico tradizionale produziert.

Wertvolle Öle

Vielfältig ist auch das Angebot an Ölen, die ein Gericht geschmacklich abrunden. Neutrale Öle wie **Sonnenblumenöl** und **Maiskeimöl** sind die Klassiker unter den milden Sorten und ideal zum Mischen mit sehr aromatischen Ölen wie **Walnussöl**. **Rapsöl** ist ähnlich mild, mit leicht nussiger Note. Bei **Olivenöl** heißt die beste und teuerste Qualität »extra nativ« und wird aus reifen Oliven bester Qualität gepresst und nicht erhitzt. Das edle, nicht ganz preiswerte **geröstete Haselnussöl** wird aus sanft gerösteten Haselnüssen kalt gepresst. Es schmeckt süßlich und intensiv nussig, sodass kleine Mengen für einen runden Nussgeschmack genügen. Das Haselnussöl ist perfekt in Vinaigrettes und passt zu vielen Gemüsesorten.

Zitronensaft und Zitronenschale

Die Schale bringt viel frisches Zitronenaroma und einen fruchtig-herben Geschmack, während der Saft weniger duftet, aber fruchtige Säure liefert. In Verbindung mit süßen und scharfen Zutaten wirkt Zitronensaft wie ein Geschmacksverstärker und bringt Kontrast und Spannung in ein Gericht.

Wenn Sie Zitronenschalen brauchen, kaufen Sie Bio-Zitronen. Diese heiß waschen und abtrocknen. Danach die Schale abreiben, mit dem Zestenreißer abziehen oder mit dem Sparschäler hauchdünn abziehen, sodass nichts von dem bitteren Weißen abgeschält wird. Schale und Saft lassen sich einfrieren.

Frische Kräuter

Wenn man für zwei Personen kocht, sind die angebotenen Kräuterbunde – vor allem im Sommer – oft zu groß. Praktisch ist es daher, ein paar Lieblingskräuter im Topf auf dem Balkon oder am Küchenfenster zu halten. Rosmarin und Thymian sind sogar winterfest. Koriandergrün lässt sich aus Samen gut selber ziehen. Petersilie kann man ruhig im Bund kaufen. Die Stängel einfach waschen, trocken schütteln und in einem Plastikbeutel in den Kühlschrank legen. So bleibt die Petersilie einige Tage frisch. In den Rezepten ist immer angegeben, wie viele Stängel man von dem jeweiligen Kraut benötigt.

lust auf würziges

Weil an Fett gespart wird, kommen andere, intensiv würzende Zutaten zum Einsatz: Nüsse, kräftiger Parmesan, Chilis von mild bis schön scharf und aromatische Gewürze geben unseren Gerichten viel Geschmack. Kleine Mengen davon genügen bereits und geben den Gerichten einen ganz besonderen Kick.

Nüsse und Samen

Sie sind sehr gehaltvoll, voller Geschmack und sehr gesund. Sie bereichern viele vegetarische Gerichte mit wertvollen Fettsäuren und geben auch in kleiner Menge den richtigen Biss. Das Rösten in der Pfanne ohne Fett steigert den Geschmack. Ob Mandeln, Haselnüsse, Walnüsse, Cashewnusskerne, Pinien-, Sonnenblumen- oder Kürbiskerne – verwenden Sie, was Ihnen am besten schmeckt.

Würziger Hartkäse

Er liefert schon in kleinen Mengen viel Geschmack! Einziger Nachteil, die meisten Sorten enthalten tierisches Lab. Wer ganz sicher sein möchte, wählt vegetarische Käsesorten oder Käse, der mit mikrobiellem Lab hergestellt wurde. Informationen darüber bekommt man entweder an der Käsetheke oder auf der Internetseite der Hersteller. Parmesan und Grana Padano gibt es allerdings nur mit tierischem Lab. Da Hartkäse in den Rezepten häufig verwendet wird, und er frisch gerieben am besten schmeckt, lohnt es sich gleich ein größeres Stück zu kaufen. Sie können ihn gut verpackt ins Tiefkühlfach legen. Mit einer scharfen Reibe lässt er sich auch gefroren leicht reiben – anschließend kommt er wieder in die Kälte.

Getrocknete Tomaten

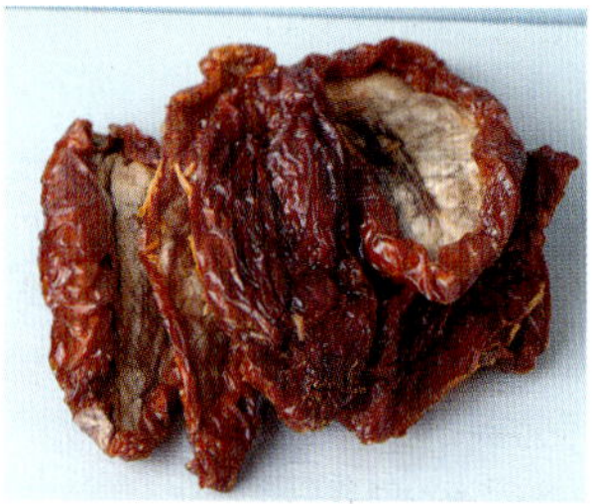

Es gibt sie getrocknet, pur oder in Öl eingelegt zu kaufen. Für die leichte Küche sind Tomaten, die unter Zusatz von etwas Salz getrocknet und nicht eingelegt sind, ideal. Für die meisten Rezepte genügt es, die Tomaten kurz einzuweichen, auszudrücken und klein zu schneiden. Für Gerichte mit längerer Garzeit gibt man sie zerkleinert direkt dazu und lässt sie in der Brühe oder Kochflüssigkeit weich garen. Bereits in kleiner Menge geben sie jedem Gericht einen intensiven Tomatengeschmack.

Tomaten-Sprinkle

Eine würzige Mischung, die Sie aus getrockneten Tomaten herstellen können: Dafür 150 g getrocknete Tomaten so fein wie möglich hacken. 100 g Mandelblättchen ohne Fett goldgelb rösten, abkühlen lassen und hacken. Mit je 1 EL Meersalz, schwarzem Pfeffer, getrockneten Knoblauchflakes, getrocknetem Thymian, Basilikum und Oregano mischen und im Blitzhacker zu einer grießähnlichen Mischung zerkleinern. Der Mix hält sich im Kühlschrank mehrere Wochen. Diese Tomatenmischung passt zu Pasta, Gemüse oder mit Joghurt vermischt als Dip.

Chili Ancho

Das rotbraune Chilipulver gehört in die traditionellen mexikanischen Saucen (z. B. Moles). Es schmeckt fruchtig und süßlich nach Trockenfrüchten, auch schokoladig mit würzigen Tabaknoten. Mit einem Schärfegrad von 3 ist es relativ mild. Es ist besonders fein in Herbst- und Wintergerichten mit Roten Beten, Auberginen, Möhren oder Kürbis. Ersatzweise kann man auch je 1 TL gemahlener Piment und dunkles Kakaopulver mit ½ TL Cayennepfeffer mischen.

Panch Phoron

Eine bengalische Mischung aus ganzen Samen. Fenchel (1), Cumin (2), Bockshornklee (3), Schwarzkümmel (4) und brauner Senf (5) werden zu gleichen Teilen gemischt. Der Geschmack ist süßlichlakritzartig, würzig, nussig und scharf. Für lang gegarte Gerichte wird Panch Phoron im Ganzen zugefügt. Für schnelle Gerichte wird die Mischung in Öl angeröstet, frisch gemahlen oder im Mörser zerstoßen und kurz vor dem Ende der Garzeit dazugegeben.

Piment d'Espelette

Die feinstückig gemahlene Chilisorte kommt aus dem französischen Baskenland. Mit einem Schärfegrad von 3–4 auf der Schärfeskala 0–10 ist Piment d'Espelette recht mild. Es ist ideal für Dips und Saucen, Frischkäse, Tofu und Quark, Nudel- und Reisgerichte, Eierspeisen und nahezu jedes Gemüse. Man verwendet es bei Tisch zum Nachwürzen.

Ras el Hanout

Die marokkanische Gewürzmischung duftet sehr opulent und typisch orientalisch. Es gibt davon unzählige Variationen – ähnlich wie beim Currypulver. Die wichtigsten Zutaten sind Cumin (Kreuzkümmel), Zimt, Ingwer, Paprika, Pfeffer, Kurkuma, Paradieskörner, Gewürznelken, Piment und Chili. Rosenblüten, Orangenblüten oder Lavendel bringen florale Aromen. Ras el Hanout würzt vor allem Couscous, Bulgur und Reisgerichte, auch Dips, Saucen und pürierte Gemüsesuppen.

Geräuchertes Paprikapulver

Die Paprikaschoten für diese Spezialität werden über Eichenholzrauch getrocknet und erhalten so das typische Raucharoma. Es ist erhältlich in den Sorten »dulce« (mild), »picante« (scharf) und »agridulce« (mittelscharf). Pimentón de la Vera bringt einen kräftigen Rauchgeschmack an die Gerichte. Es passt sehr gut zu Deftigem wie Kraut oder Linsen. Auch fein: zu Grillgemüse, Bratkartoffeln und »Chili sine carne«.

Vanille-Salz und Vanille-Pfeffer

Dieses edle Salz können Sie ganz leicht selber herstellen. 2–3 Schoten Bourbon-Vanille (es eignen sich auch die ausgekratzten Schoten) in ca. 5 mm große Stücke schneiden, etwas trocknen lassen und mit etwa 200 g grobem Steinsalz mischen und in eine Salzmühle füllen. Nach etwa acht Tagen hat das Salz das Vanille-Aroma angenommen. Wichtig ist, dass man ein trockenes Steinsalz und kein feuchtes Meersalz verwendet. Dieses würde die Mühle verstopfen. Ältere, sehr trockene Schoten kann man zerkleinern und mit Salz im Blitzhacker zu einem feinen Vanille-Salz zum Streuen verarbeiten. Auf die gleiche Art entsteht Vanille-Pfeffer: Dafür einfach die getrockneten Vanille-Stückchen mit dem Lieblings-Pfeffer mischen und in die Pfeffermühle geben.

gute eiweißquellen

Eiweiß spielt auch in der vegetarischen Ernährung eine wichtige Rolle. Neben tierischen Lebensmitteln wie Eier und Milchprodukte gibt es auch pflanzliche Eiweißspender. Wer diese Eiweißlieferanten clever einsetzt und kombiniert, ist bestens mit dem lebenswichtigen Nähr- und Baustoff versorgt.

Mahlzeiten kombinieren

Pro Kilogramm Körpergewicht sollte man täglich etwa 0,8 Gramm Eiweiß zu sich nehmen. Für einen normalgewichtigen Menschen, der 62 Kilogramm wiegt, entspricht das einer Eiweißmenge von etwa 50 Gramm. Diese Menge wird leicht erreicht, wenn man die Mahlzeiten mithilfe der Rezepte in diesem Buch kombiniert und ein Zuwenig an Eiweiß beim Frühstück oder zwischendurch ergänzt.

Wenn man sich beispielsweise an einem Frühlingstag die folgenden leichten Gerichte zubereitet, kommt man locker auf eine mehr als ausreichende Eiweißmenge:

So liefert zum Beispiel mittags das **Erbsensüppchen mit Minzschaum** (s. S. 29) als Vorspeise bereits 18 g Eiweiß bei 210 Kalorien. Wenn Sie anschließend als Hauptgericht die **Frittata mit grünem Gemüse** (s. S. 30) genießen, kommen 26 g Eiweiß und 350 Kalorien dazu. Am Abend gönnen Sie sich noch **Gemüsesticks mit Erbsen-Feta-Dip** (s. S. 21), die Sie mit 17 g Eiweiß und 220 Kalorien versorgen. Schließlich kommt man auf 61 g Eiweiß und 780 Kalorien. Da darf das Frühstück mit Früchten und Müsli ruhig etwas kohlenhydrathaltiger ausfallen.

Natürlich liefert nicht jedes Rezept in diesem Buch ähnlich viel Eiweiß. Dann gleichen Sie aus und greifen zu Magerquark oder Hüttenkäse (ca. 13,5 g Eiweiß/100 g), bereiten das Müsli mit Joghurt (ca. 5 g Eiweiß/Becher) zu oder genießen als Brotzeit ein kerniges Vollkornbrot mit Harzer Käse (30 g Eiweiß/100 g). Grundsätzlich ist tierisches Eiweiß biologisch wertiger als pflanzliches, weil es in der Zusammensetzung seiner Aminosäuren dem menschlichen Körpereiweiß sehr ähnlich ist. Es gibt viele Eiweißlieferanten, die sich sehr gut ergänzen. Perfekte Kombinationen sind beispielsweise Reis mit Bohnen, Kartoffeln mit Ei, Haferflocken mit Milch – das erhöht die Wertigkeit des Eiweißes, weil dem Körper damit eine größere Auswahl an verschiedenen Aminosäuren als Baustoff zur Verfügung gestellt wird.

Pflanzliches Eiweiß

Da Vegetarier weder Fisch noch Fleisch essen, braucht man andere Eiweißquellen. **Tofu** ist dann ein idealer Ersatz. Sein Plus – er lässt sich in unendlich vielen Varianten zubereiten und verarbeiten. Im Handel gibt es ein breites Angebot an fertigen Tofuprodukten. Wählen Sie zwischen neutralem Tofu, Seidentofu oder Tofu in verschiedenen Geschmacksrichtungen. Auch mit **Sojasahne** oder **Sojadrink** kann man Gerichte perfekt aufpeppen.

Auch **grüne Gemüse, Getreide** und **Hülsenfrüchte** leisten einen kleinen Beitrag zur Eiweißversorgung und haben dabei den Vorteil, kaum Fett zu enthalten, was beim Abnehmen hilft. **Nüsse** und **Samen** sind ebenfalls gute Eiweißspender, aber sehr fettreich. Doch in kleinen Mengen geben sie manchen Gerichten erst den richtigen Biss.

Getreide und **Getreideprodukte** sättigen hervorragend und sind nebenbei solide Eiweißlieferanten. **Getrocknete Hülsenfrüchte** enthalten sogar noch mehr wertvolles Pflanzen-Eiweiß. Diese konzentrierten Sattmacher können ruhig zweimal pro Woche auf den Tisch kommen. Von Gemüse, Pilzen wie Champignons oder Austernpilzen und Salaten kann man täglich umso mehr essen, denn sie halten lange satt.

Tierisches Eiweiß

Quark und **Joghurt** und **andere Milchprodukte** wie Kefir und Buttermilch sind optimal. Sie enthalten leicht verdauliches Eiweiß und reichlich Kalzium für die Knochen. Spitze ist Magerquark mit 14 g Eiweiß/100 g und das bei nur 74 kcal. Ähnlich günstig ist Hüttenkäse.

Magerer Käse

Harzer Käse führt mit seinem Eiweißanteil die Hitliste der Käsesorten an. Er enthält 30 g Eiweiß/100 g bei etwa 120 Kalorien. Leichter Mozzarella hat 21 g Eiweiß und 165 kcal pro 100 g. Ein Blick in eine Nährwerttabelle hilft bei der richtigen Auswahl weiter. Außerdem: magerer Frischkäse, Schafskäse und verschiedene Weichkäsesorten sind sowohl mit tierischem Lab als auch mit mikrobiellem Lab im Handel. Informieren Sie sich und entdecken Sie Ihre Lieblingssorte.

Eier

Sie sind ebenfalls gute Eiweißlieferanten. Das **Weiße vom Ei** enthält übrigens 11 g Eiweiß/100 g, der **Eidotter** hingegen 16 g. Ein guter Grund, sich öfter ein Omelett, ein weiches Ei oder ein Rührei zu gönnen.

Eiweiß zum Frühstück

Je nachdem für welche Gerichte man sich entscheidet, kann der Tag auch schon mit einem Eiweißfrühstück beginnen. Oder, wer morgens nicht frühstücken möchte, genießt zwischendurch die Snacks, die am Ende der jeweiligen Kapitel stehen. Hier ein paar schnelle Beispiele für einen gelungenen Start in den Tag:

Fruchtquark: 200 g frisches Obst mit 100 g Quark oder Hüttenkäse mischen und mit 1–2 TL Leinsamen, Sonnenblumenkernen oder Sesamsamen bestreuen.

Einige Spalten Melone: mit Mozzarella in Scheiben auf einem Teller anrichten, mit Zitronensaft, Pfeffer und frischer Minze würzen.

Leichter Molkedrink: 200 ml Molke mit 100 g klein geschnittenen frischen Früchten wie Erdbeeren, Ananas, Pfirsich oder Aprikosen pürieren. Dann nach Belieben mit 1 Spritzer Limettensaft und einem Hauch Cayennepfeffer oder Zimtpulver würzen.

Pikanter Smoothie: 200 g Kefir mit 40 g magerem Frischkäse (16 % Fett) und 1 EL TK-Kräutermischung mixen, mit Kräutersalz und Pfeffer würzen.

Feuriger Drink: 100 g Magerquark mit 150 ml Tomatensaft und ½ TL Sambal oelek und 1 Prise Salz mixen.

Beerensmoothie: 150 g TK-Beerenmischung mit 150 g Joghurt oder 200 g Buttermilch mixen.

Belegte Brote

Wer es herzhaft mag, nimmt Knäckebrot, Weizenvollkornbrot oder dunkles Vollkornbrot mit leichtem Frischkäse oder Kochkäse und legt frische Gurken- oder Tomatenscheiben darauf.

Aufstriche und Salate

Eiersalat: aus gehacktem, hart gekochtem Ei mit klein gewürfelten Tomaten, Frühlingszwiebeln und Basilikum. Mit Pfeffer und Salz würzen.

Fruchtiger Handkäs: 1 Apfel waschen, vierteln, entkernen und würfeln. Mit 100 g gewürfeltem Harzerkäse und 2 in Ringe geschnittenen Frühlingszwiebeln mischen. Aus 1 TL Öl, 1 TL Senf, 2 TL Apfelessig, Salz und Pfeffer ein Dressing rühren und mit dem Salat mischen. Mit Schnittlauch oder Kresse bestreuen.

Herzhafter Hüttenkäse: 200 g Hüttenkäse mit klein geschnittenen Radieschen, Frühlingszwiebeln und Cornichons, gewürzt mit Pfeffer, Kräutersalz und Schnittlauchröllchen.

leichte garmethoden

Es gibt unzählige Methoden, sein Essen fettarm und vitaminschonend zuzubereiten. Ob dämpfen, dünsten oder schmoren, im Ofen backen – mit und ohne Papier umhüllt, oder fettarm pfannenrühren im Wok, probieren Sie alles einmal aus und finden Sie ihre Lieblingsmethode.

Dämpfen

Ganz einfach und absolut schonend: Das vorbereitete Gemüse in einen Dämpfeinsatz legen. Dabei das Gemüse möglichst gleichmäßig verteilen oder dickere Stücke – wie beim Spargel – nach unten und die dünneren obendrauf legen. In einen großen Topf etwas Wasser geben und zum Kochen bringen. Den Dämpfeinsatz daraufsetzen, ohne dass der Inhalt mit dem Wasser in Berührung kommt. Das Gemüse zugedeckt über dem Dampf nach den Angaben im Rezept bissfest garen.

Es gibt Einsätze, die genau auf große Töpfe abgestimmt sind und auch als Sieb benutzt werden können. Für den Wok gibt es Bambuskörbe, die man vor dem Dämpfen mit etwas Backpapier auslegt. In die kleineren Töpfe passen flexible Einsätze, die sich jeder Topfgröße anpassen.

Dünsten

Bei dieser Garmethode wird das zerkleinerte Gemüse in wenig Fett angedünstet und dann unter Zugabe von etwas Wasser oder Brühe zugedeckt gegart, bis es weich und noch etwas knackig ist.

Schmoren

Wenig Öl in einer Pfanne erhitzen. Das Gemüse darin anbraten und zugedeckt bei kleiner Hitze sanft schmoren, zwischendurch 1- bis 2-mal wenden. Danach Flüssigkeit wie Brühe, Saft oder Wein dazugießen und offen bei mittlerer Hitze einkochen lassen.

Im Ofen backen

Diese Methode ist besonders für größere Gemüsestücke wie halbierte Auberginen oder Kürbisspalten geeignet. Das vorbereitete Gemüse dünn mit Öl einpinseln und nach Geschmack würzen. Dann in einer ofenfesten Form oder direkt auf einem mit Backpapier ausgelegten Backblech backen.

Im Ofen »en papilotte« garen

Dafür Backpapier, Pergament oder Alufolie in große Rechtecke schneiden, das vorbereitete Gemüse darauf verteilen, mit Salz, Pfeffer und Kräutern würzen und verschließen, dabei die Enden wie ein Bonbonpapier verdrehen. Die Zutaten garen im eigenen Saft und können in der Verpackung serviert werden. Nach Belieben kann man für den Geschmack anschließend ein wenig Öl darüberträufeln. Oder vorher das Papier dünn mit Öl einpinseln.

Pfannenrühren im Wok

Den Wok zuerst stark erhitzen, dann wenig Öl dazugeben und heiß werden lassen. Durch die kleine Bodenfläche braucht man für den Wok – im Vergleich zu großen Pfannen – nur wenig Öl. Zuerst das Gemüse mit der längsten Garzeit, z. B. Möhren, unter ständigem Wenden (pfannenrühren) hinzufügen. Dann nach und nach die Gemüsesorten mit der kürzeren Garzeit wie Zuckerschoten oder Erbsen dazugeben. Dann zum Schluss – falls eine Sauce gewünscht ist – Brühe und etwas Milch, Sojasahne oder Kokosmilch dazugießen und aufkochen.

F

FRÜHLING

Endlich! Die dunklen Wintersachen werden weggepackt, wir haben Lust auf Licht und Farben. Nach der dunklen Jahreszeit entzückt zartes Grün unser Auge und unseren Gaumen: Salate und Kräuter in allen Schattierungen von leuchtendem Grün. Spargel und junge Erbsen. Saftige Mairübchen, Bundmöhren und Rhabarber. Alles schmeckt lebendig und jung.

spargelsalat mit erdbeeren

FRUCHTIG-FRISCHE KONTRASTE

Für 2 Personen
1 Bund grüner Spargel (ca. 450 g)
300 g Rhabarber
350 g reife, aromatische Erbeeren
50 g Babyspinat | 4 Stiele Minze
2 TL Akazienhonig | 2 TL Dijonsenf
1 TL Sherryessig | Vanille-Salz (s. S. 11)
schwarzer Pfeffer aus der Mühle
2 EL Mandelöl (oder Avocadoöl)
Chiliflocken (z. B. Piment d'Espelette)
Zubereitung: 35 Min.
Pro Portion: ca. 230 kcal, 6 g EW, 11 g F, 23 g KH

1 Den Spargel im unteren Drittel schälen und die holzigen Enden abschneiden. Die Stangen waschen, schräg in ca. 4 cm lange Stücke schneiden und in einen Dämpfeinsatz geben. Die Spargelspitzen beiseitelegen. Den Rhabarber schälen und in 3–4 cm lange Stücke schneiden. Die Erdbeeren waschen, trocken tupfen und putzen. Den Spinat verlesen, gründlich waschen und trocken schleudern. Die Minze waschen und trocken tupfen, die Blätter abzupfen und größere Blätter klein zupfen.

2 Spargelstücke über dem Dampf ca. 3 Min. garen, die Spargelspitzen zugeben, ca. 2 Min. mitdämpfen. Rhabarber dazugeben, ca. 1 Min. dämpfen. Den Dämpfeinsatz herausnehmen, alles kalt abbrausen und abtropfen lassen. Für das Dressing 200 g Erdbeeren pürieren. Mit Honig, Senf und Essig verrühren, mit Salz und Pfeffer würzen. Das Öl unterschlagen. Teller mit Spinatblättern auslegen. Spargel und Rhabarber darauf verteilen. Die übrigen Erdbeeren halbieren oder vierteln und darauf verteilen. Das Dressing darüberlöffeln, mit Chiliflocken und Minzeblättchen bestreuen.

blattsalat mit crostini

MIT KÖSTLICHER APFEL-VINAIGRETTE

Für 2 Personen
200 ml klarer Apfelsaft
150 g gemischte Blattsalate (z. B. Feldsalat, Babyspinat, Löwenzahn)
50 g essbare Blüten (nach Belieben)
15 g Mandelblättchen
3 TL Apfelbalsamessig
1 TL Akazienhonig
Meersalz | schwarzer Pfeffer aus der Mühle
2 EL Mandelöl (oder Traubenkernöl)
100 g Frischkäse (16 % Fett)
½ TL Currypulver
Cayennepfeffer
½ Apfel
4 Scheiben Baguette (ca. 40 g)
Zubereitung: 30 Min.
Pro Portion: ca. 340 kcal, 9 g EW, 17 g F, 35 g KH

1 Apfelsaft aufkochen, dann offen bei mittlerer Hitze auf ca. 80 ml einkochen und etwas abkühlen lassen. Den Salat putzen, waschen und trocken schleudern. Den Salat in mundgerechte Stücke teilen und auf Teller verteilen. Nach Belieben die Blüten verlesen. Die Mandelblättchen in einer Pfanne ohne Fett goldgelb rösten, abkühlen lassen und hacken.

2 Für das Dressing den reduzierten Apfelsaft mit Essig, Honig, Salz und Pfeffer verrühren. Das Öl unterschlagen. Den Frischkäse mit Currypulver verrühren, mit Salz, Pfeffer und Cayennepfeffer würzen. Den Apfel fein reiben und mit den Mandeln untermischen.

3 Die Vinaigrette über den Salat träufeln. Die Blüten über den Salat streuen. Die Baguettescheiben toasten oder in der Pfanne ohne Fett rösten, mit dem Frischkäse bestreichen und mit dem Salat servieren.

SPARGELSALAT MIT ERDBEEREN

essbare blüten

Ringel- und Schlüsselblumen, Rosenblütenblätter oder Veilchen – sie entzücken nicht nur das Auge, sondern auch den Gaumen und veredeln jeden Salat. Gänseblümchen haben einen feinen nussigen Geschmack, Kapuzinerkresse schmeckt pfeffrig, und Borretsch nach Gurken. Unbedingt nur ungespritzte Blüten aus dem eigenen Garten oder vom Bio-Versand verwenden! Sie können auch geeignete Saatgutpakete bestellen.

BLATTSALAT MIT CROSTINI

GEMÜSESTICKS MIT ERBSEN-FETA-DIP

gemüsesticks mit erbsen-feta-dip

LÄSST SICH GUT VORBEREITEN UND MITNEHMEN

Für 2 Personen
250 g Erbsen (frisch ausgepalt oder tiefgekühlt)
ca. 70 ml Gemüsebrühe | 1 Bio-Zitrone
3–4 Stiele Minze | 2–3 Stiele Petersilie
50 g Schafskäse (45 % Fett, Feta)
Kräutersalz
grüner Pfeffer aus der Mühle
3 Stangen Staudensellerie
120 g Möhren | 150 g Zucchini
1 kleine Fenchelknolle
1 Miniromana-Salat
Zubereitung: 40 Min.
Pro Portion: ca. 220 kcal, 17 g EW, 6 g F, 24 g KH

1 Erbsen in einen Dämpfeinsatz geben. Den Dämpfeinsatz in einen Topf mit wenig Wasser stellen. Frische Erbsen über dem Dampf in 4–5 Min. und tiefgekühlte nach Packungsangabe garen. Erbsen und Brühe pürieren. Das Püree etwas abkühlen lassen.

2 Zitrone heiß waschen und abtrocknen, 1 TL Schale abreiben und 3–4 TL Saft auspressen. Die Kräuter waschen, trocken tupfen und hacken. Den Käse zerkrümeln, mit den Kräutern zu den Erbsen geben und nochmals pürieren. Mit Salz, Pfeffer, Zitronensaft, Zitronenschale würzen. Den Dip zugedeckt in den Kühlschrank stellen.

3 Staudensellerie putzen, waschen und entfädeln. Die Möhren putzen, schälen. Zucchini und Fenchel waschen, putzen. Das Gemüse in mundgerechte Sticks schneiden. Den Salat putzen, die Blätter ablösen, waschen und trocken schleudern. Die Salatblätter auf eine Platte legen, das Gemüse darauf anrichten und mit dem Dip servieren. Dazu passt geröstetes Ciabatta.

couscous-salat mit kräutern

MACHT SCHÖN SATT MIT WACHSWEICHEM EI

Für 2 Personen
200 g schlanke Zucchini
1 Bund Frühlingszwiebeln
1 Knoblauchzehe | 1 EL Olivenöl
Salz | Pfeffer | 125 ml Gemüsebrühe
100 g Instant-Couscous (medium)
1 TL Ras el Hanout (oder Currypulver)
1 grüne Chilischote | 1 Bio-Limette
2 Eier | je 4 Stiele Petersilie und Minze
Zubereitung: 40 Min. | Marinieren: 30 Min.
Pro Portion: ca. 340 kcal, 16 g EW, 12 g F, 43 g KH

1 Zucchini waschen, putzen und grob raspeln. Frühlingszwiebeln putzen und waschen, das Weiße und Grüne getrennt in Ringe schneiden. Knoblauch schälen und hacken. Öl erhitzen, das Weiße der Frühlingszwiebeln darin ca. 1 Min. andünsten. Den Knoblauch ca. ½ Min. mitdünsten. Zucchini dazugeben und unter Rühren ca. 2 Min. mitbraten, die Raspel sollen knackig sein. Zucchini salzen und pfeffern.

2 Brühe aufkochen. Couscous mit Ras el Hanout mischen, mit Brühe begießen und zugedeckt in ca. 5 Min. ausquellen lassen. Chilischote längs halbieren, entkernen, waschen und hacken. Limette heiß waschen und abtrocken, die Schale abreiben, den Saft auspressen. Den Couscous auflockern, mit Zucchini mischen. Mit Limettenschale und -saft würzen. Chili und Frühlingszwiebelgrün untermischen. Salat mindestens 30 Min. ziehen lassen.

3 Eier in ca. 6 Min. wachsweich kochen, kalt abschrecken, pellen und vierteln. Die Kräuter abbrausen, trocken tupfen und hacken. Die Hälfte der Kräuter unter den Salat mischen. Salat anrichten, mit übrigen Kräutern bestreuen und mit Eiern belegen.

blumenkohl-salat

MIT ORIENTALISCHEM JOGHURT-DRESSING

Für 2 Personen
1 Blumenkohl (ca. 800 g geputzt, oder Brokkoli)
1 Bio-Zitrone
Salz | grüner Pfeffer aus der Mühle
3–4 Stiele glatte Petersilie
3 Frühlingszwiebeln
100 g Kichererbsen (aus der Dose)
10 g ungeschälte Sesamsaat
150 g Joghurt (1,5 % Fett)
30 g weißes Tahini (Sesampaste, Bio-Laden)
½ TL gemahlener Cumin
½ TL edelsüßes Paprikapulver
½ TL Harissa | ¼ TL Chiliflakes
Zubreitung: 35 Min.
Pro Portion: ca. 280 kcal, 19 g EW, 13 g F, 22 g KH

1 Blumenkohl waschen, putzen, in Röschen teilen und in einen Dämpfeinsatz geben. Die Röschen über dem Dampf je nach Größe in 3–5 Min. bissfest garen. Die Zitrone heiß waschen und abtrocknen, die Schale abreiben und ca. 4 TL Saft auspressen. Blumenkohl kalt abschrecken, abtropfen lassen, mit 1–2 TL Zitronensaft beträufeln, salzen und pfeffern.

2 Petersilie waschen, trocken tupfen und hacken. Die Frühlingszwiebeln putzen, waschen und in Ringe schneiden. Kichererbsen abbrausen und abtropfen lassen. Den Sesam in einer Pfanne ohne Fett rösten. Joghurt mit Tahini, 1–2 TL Zitronensaft, Salz, Pfeffer, Cumin, Paprikapulver und Harissa glatt rühren.

3 Den Blumenkohl auf Tellern anrichten, Kichererbsen und Frühlingszwiebeln darauf verteilen. Den Würzjoghurt darüberlöffeln, mit Petersilie, Sesam und Chiliflakes bestreuen. Dazu passen dünne, orientalische Fladenbrote.

leichter kartoffelsalat

MIT WÜRZIGER BOUILLON ANGEMACHT

Für 2 Personen
400 g festkochende Kartoffeln | Salz
1 Zwiebel | 1 EL Olivenöl
250 ml kräftige Gemüsebrühe (Rezept Seite 26)
1 EL Aceto balsamico bianco
1 EL Dijonsenf | 200 g Rettich
150 g Staudensellerie | 2 Eier
schwarzer Pfeffer aus der Mühle
100 g Cornichons | 40 g Kapern
½ Bund Schnittlauch (oder ½ Beet Gartenkresse)
Zubreitung: 40 Min. | Marinieren: 30 Min.
Pro Portion: ca. 290 kcal, 14 g EW, 12 g F, 34 g KH

1 Kartoffeln waschen, mit Schale in kochendem Salzwasser in ca. 20 Min. garen. Inzwischen die Zwiebel schälen und fein hacken. Öl erhitzen, die Zwiebel darin glasig dünsten. Brühe mit Essig und Senf verrühren und zu den Zwiebeln gießen. Alles aufkochen und offen bei kleiner Hitze ca. 2 Min. köcheln lassen. Den Rettich putzen, schälen, in feine Scheiben hobeln, salzen und beiseitestellen. Den Staudensellerie putzen, waschen, entfädeln und fein hobeln. Die Eier in 10–12 Minuten hart kochen.

2 Kartoffeln abgießen, kalt abschrecken, heiß pellen, in dünne Scheiben schneiden. Würzbrühe mit Kartoffeln vermischen. Salat ca. 30 Min. ziehen lassen, dabei öfter wenden. Mit Salz und Pfeffer würzen.

3 Eier kalt abschrecken, pellen, vierteln. Cornichons und Kapern hacken. Den Rettich kalt waschen und trocken tupfen. Den Schnittlauch waschen, trocken tupfen und in Röllchen schneiden. Rettich, Kapern, Staudensellerie und Cornichons unter den Salat mischen. Den Salat anrichten, mit Schnittlauch bestreuen und mit den Eiern garnieren.

BLUMENKOHLSALAT

MOZZARELLA-CARPACCIO

kapern

Kapern sind die olivgrünen, geschlossenen Blütenknospen des mediterranen Kapernstrauchs. Sie werden in Salz oder in Essig eingelegt, schmecken intensiv herb und säuerlich. Eingelegte Kapern abbrausen, um den Essiggeschmack zu mildern, dann trocken tupfen. Salzkapern vorher ca. 10 Min. wässern. Man kann Salzkapern auch mit dem Salz im Ofen bei geringer Temperatur trocknen. Zum Würzen werden sie einfach zwischen den Fingern zerrieben. Sehr gut zu mediterranen Gerichten.

GRÜNER GEMÜSESALAT

mozzarella-carpaccio

MIT FRUCHTIG-FRISCHER SALSA

Für 2 Personen
2 Kugeln Mozzarella (à ca. 125 g)
1 rote Paprikaschote (ca. 170 g)
⅓ Salatgurke | 1 rote Chilischote
1 grüne Chilischote
1 Stück Ananas (ca. 100 g Fruchtfleisch)
1 Bund Koriandergrün
Salz | 3–4 TL Reisessig
grüner Pfeffer aus der Mühle
Zubereitung: 35 Min. Zubereitung
Gefrieren: 1 Std. | Marinieren: 30 Min.
Pro Portion: ca. 380 kcal, 25 g EW, 25 g F, 10 g KH

1 Den Mozzarella abtropfen lassen, trocken tupfen und auf einem Teller ca. 1 Std. in das Tiefkühlfach stellen. Paprikaschote nach Belieben dünn schälen, halbieren, entkernen, waschen und in sehr kleine Würfel schneiden. Die Gurke schälen, längs halbieren, mit einem Teelöffel entkernen und ebenfalls klein würfeln.

2 Die Chilischoten längs halbieren, entkernen, waschen und sehr fein hacken. Die Ananas schälen, den Strunk und die dunklen Augen entfernen, das Fruchtfleisch sehr klein würfeln. Koriandergrün waschen, trocken tupfen und mit den zarten Stielen hacken.

3 Paprikaschote, Gurke, Chilis, Ananas und Koriandergrün mischen, mit Salz würzen und mit Essig abschmecken. Salsa mindestens 30 Min. kalt stellen.

4 Den gefrorenen Mozzarella in sehr dünne Scheiben schneiden und auf zwei Teller verteilen. Sobald er antaut, etwas salzen und pfeffern. Die Salsa darüberlöffeln.

grüner gemüsesalat

MIT FRISCHER MINZ-VINAIGRETTE

Für 2 Personen
200 g grüne Bohnen
200 g Zuckerschoten
100 g Erbsen (frisch gepalt oder tiefgekühlt)
50 g rote Mangoldblätter
4 Stiele Minze
1 Bio-Limette
3 schlanke Frühlingszwiebeln
1 TL Dijonsenf
3 TL Apfelbalsamessig (oder Aceto balsamico bianco)
grüner Pfeffer aus der Mühle
Kräutersalz
2 ½ EL Olivenöl
Zubereitung: 45 Min.
Pro Portion: ca. 240 kcal, 9 g EW, 14 g F, 19 g KH

1 Die Bohnen und Zuckerschoten putzen, waschen und halbieren. Beides separat in einen Dämpfeinsatz geben. Die Bohnen über dem Dampf in 6–8 Min., Zuckerschoten und Erbsen in 2–3 Min. garen. Jeweils eiskalt abschrecken und abtropfen lassen.

2 Die Mangoldblätter putzen, waschen und trocken tupfen. Die Minze waschen und trocken tupfen. Die Blättchen abzupfen, einige ganz lassen und den Rest fein hacken. Die Limette heiß waschen und abtrocknen, 1 TL Schale abreiben. Die Frühlingszwiebeln putzen, waschen und in feine Ringe schneiden.

3 Den Senf mit Essig, Pfeffer und Salz verrühren. Das Öl nach und nach unterschlagen. Die gehackte Minze und die Limettenschale unterheben. Gemüse mit Frühlingszwiebeln und Mangoldblättern mischen, in Schälchen anrichten, mit dem Dressing beträufeln und mit den Minzeblättern bestreuen.

gemüsebrühe grundrezept

FÜR WEISSE UND GRÜNE GEMÜSESUPPEN

Für 2 l Brühe
140 g Zwiebeln | 140 g Möhren
140 g Knollensellerie | 100 g Lauch
Stiele von 1 Bund Petersilie
2 Knoblauchzehen | 20 g frischer Ingwer
2 Lorbeerblätter | 12 schwarze Pfefferkörner
6 Pimentkörner | ½ TL Chiliflakes
150 ml Weißwein
100 ml Apfelsaft | Salz
Zubereitung: 25 Min.
Kochen: 15 Min. | Abkühlen: 6–12 Std.
Pro Portion: ca. 40 kcal, 0 g EW, 0 g F, 4 g KH

1 Die Zwiebeln schälen und grob würfeln. Möhren und Sellerie schälen und ca. 1 cm groß würfeln. Den Lauch putzen, längs halbieren, gründlich waschen und in Stücke schneiden. Petersilienstiele waschen und grob hacken. Den Knoblauch schälen und längs halbieren. Den Ingwer schälen und in dünne Scheiben schneiden.

2 Zwiebeln, Gemüse, Petersilienstiele, Knoblauch, Gewürze, Wein, Apfelsaft, Salz und 2 l kaltes Wasser in einem Topf offen aufkochen, dann zugedeckt bei kleiner Hitze ca. 15 Min. köcheln lassen. Die Herdplatte ausschalten, den Topf darauf stehen lassen und die Brühe in 6–12 Std. abkühlen lassen. Die Brühe abseihen und beiseitestellen.

variante für herbst und winter

Statt Ingwer eine halbierte Zwiebel in einer Pfanne ohne Fett anrösten, bis die Schnittfläche braun ist und mitkochen. Oder Rote Bete und 2–3 getrocknete Pflaumen dazugeben. Wein durch Sherry ersetzen.

frühlings-gemüsesuppe

MIT ZITRUS-MARINIERTEM TOFU

Für 2 Personen
200 g Tofu (natur) | 1 Bio-Zitrone
Salz | grüner Pfeffer aus der Mühle
150 g grüner Spargel
1 schlanker Zucchino (ca. 80 g)
100 g Zuckerschoten
2 Frühlingszwiebeln | 3–4 Stiele Kerbel
1 l Gemüsebrühe (Rezept links)
Zubereitung: 30 Min. | Marinieren: 2 Std.
Pro Portion: ca. 130 kcal, 12 g EW, 6 g F, 9 g KH

1 Den Tofu quer halbieren, die Hälften zwischen Küchenpapier ausdrücken und würfeln. Die Zitrone heiß waschen und abtrocknen, 1 TL Schale abreiben und 1 TL Saft auspressen. Tofu mit Zitronensaft und -schale, Salz und Pfeffer würzen und zugedeckt ca. 2 Std. kalt stellen.

2 Den Spargel im unteren Drittel schälen und die holzigen Enden abschneiden. Die Stangen waschen, längs halbieren und schräg in ca. 2 cm große Stücke schneiden, dabei die Spargelspitzen ganz lassen.

3 Zucchino waschen, putzen und schräg in dünne Scheiben hobeln. Die Zuckerschoten waschen, putzen und schräg halbieren. Frühlingszwiebeln putzen und waschen. Das Weiße und Grüne in Ringe schneiden. Kerbel waschen, trocken tupfen und hacken.

4 Brühe aufkochen und salzen. Die Spargelstücke und das Weiße der Frühlingszwiebeln darin ca. 1 Min. kochen. Zucchinischeiben und Spargelspitzen dazugeben und ca. 1 Min. mitgaren. Zuckerschoten und Frühlingszwiebelgrün hinzufügen und ca. 1 Min. mitgaren. Tofu in der Brühe erwärmen. Suppe anrichten und mit Kerbel bestreuen.

FRÜHLINGSGEMÜSESUPPE

ERBSENSÜPPCHEN MIT MINZSCHAUM

erbsensüppchen mit minzschaum

BESONDERS FEIN FÜR GÄSTE

Für 2 Personen
300 ml Gemüsebrühe (Rezept Seite 26)
300 g Erbsen (frisch gepalt oder tiefgekühlt)
3 Stiele Minze
200 ml Milch (1,5 % Fett)
50 g Frischkäse (16 % Fett)
Kräutersalz
grüner Pfeffer aus der Mühle
frisch geriebene Muskatnuss
1 TL abgeriebene Schale von 1 Bio-Zitrone
einige Spritzer Zitronensaft
Salz
Zubreitung: 25 Min.
Pro Portion: ca. 210 kcal, 18 g EW, 4 g F, 25 g KH

1 Die Brühe in einem Topf aufkochen und die Erbsen darin in 7–8 Min. weich garen. Inzwischen die Minze waschen und trocken tupfen. Einige Blättchen ganz lassen und den Rest hacken.

2 Die Erbsen mit dem Stabmixer fein pürieren und durch ein Sieb streichen. Die Hälfte der Milch und den Frischkäse einrühren und erhitzen, aber nicht kochen lassen. Die Suppe mit Kräutersalz, Pfeffer, etwas Muskat, Zitronenschale und Zitronensaft würzen. Die Suppe in zwei Suppenschalen geben.

3 Die restliche Milch erhitzen, 1 Prise Salz und die gehackte Minze dazugeben, mit dem Stabmixer aufschäumen und den Schaum über die Suppe löffeln. Die Suppe mit den übrigen Minzeblättchen garnieren.

sauerampfer-kartoffel-suppe

MIT FRISCHEM DILLJOGHURT ALS TOPPING

Für 2 Personen
250 g mehligkochende Kartoffeln
ca. 400 ml Gemüsebrühe (Rezept Seite 26)
1 Lorbeerblatt | 1 Zwiebel | 100 g Sauerampfer
1 Stiel Dill | 2 TL Olivenöl | 100 ml Milch (1,5 % Fett)
Salz | grüner Pfeffer aus der Mühle
frisch geriebene Muskatnuss
100 g Joghurt (3,5 % Fett)
Zubereitung: 35 Min.
Pro Portion: ca. 190 kcal, 8 g EW, 8 g F, 22 g KH

1 Kartoffeln schälen und ca. 2 cm groß würfeln. Die Brühe aufkochen, die Kartoffelwürfel und das Lorbeerblatt dazugeben und die Kartoffeln in ca. 20 Min. garen.

2 Zwiebel schälen und fein hacken. Sauerampfer putzen, waschen, die Stiele entfernen und die Blätter grob hacken. Dill waschen und trocken tupfen, 2 kleine Zweige beiseitelegen und den Rest fein hacken. Das Öl in einem Topf erhitzen, die Zwiebel darin glasig dünsten. Sauerampfer dazugeben und mitdünsten, bis er zusammenfällt. Den Sauerampfer beiseitestellen.

3 Lorbeerblatt entfernen, die Kartoffeln in der Brühe mit dem Kartoffelstampfer zerkleinern. Sauerampfer hinzufügen und alles fein pürieren. Die Milch dazugießen, die Suppe erhitzen, aber nicht mehr kochen. Mit Salz, Pfeffer und Muskat würzen. Je nach Konsistenz noch etwas Brühe unterrühren. Joghurt mit Salz und gehacktem Dill verrühren. Die Suppe anrichten, je einen Klecks Dilljoghurt daraufgeben und mit Dillzweigen garnieren.

frittata mit grünem Gemüse

SCHMECKT HEISS UND KALT SEHR GUT

Für 2 Personen
1 schmale Stange Lauch (ca. 120 g)
250 g grüner Spargel
200 g kleine, feste Zucchini
10 Stiele gemischte Kräuter (z. B. Petersilie, Kerbel, Dill, Pimpinelle oder 25 g TK-Kräuter)
150 g Erbsen (frisch gepalt oder tiefgekühlt)
3 Eier | 75 ml Milch (1,5 % Fett)
Kräutersalz | grüner Pfeffer aus der Mühle
1 EL Olivenöl
4 EL frisch geriebener Hartkäse (s. S. 10)
Zubereitung: 45 Min.
Pro Portion: ca. 350 kcal, 26 g EW, 20 g F, 17 g KH

1 Lauch putzen und gründlich waschen, das Weiße und Hellgrüne in ca. 1 cm dicke Scheiben schneiden. Den Spargel im unteren Drittel schälen und die holzigen Enden abschneiden. Die Stangen waschen und schräg in ca. 2 cm große Stücke schneiden.

2 Die Zucchini waschen, putzen, längs vierteln und ebenfalls in ca. 2 cm große Stücke schneiden. Die Kräuter waschen, trocken tupfen und hacken. Die Erbsen in wenig Wasser ca. 3 Min. kochen, dann eiskalt abschrecken und abtropfen lassen. Die Eier mit der Milch glatt rühren, salzen und pfeffern. Die Kräuter untermischen.

3 Öl in einer Pfanne erhitzen. Lauch, Spargel und Zucchini darin bei großer Hitze unter Rühren ca. 2 Min. anbraten. Erbsen dazugeben und kurz mitbraten. Das Gemüse salzen und pfeffern. Die Eiermasse gleichmäßig über das Gemüse gießen, zugedeckt bei kleiner Hitze in 8–10 Min. stocken lassen. Den Käse darüberstreuen und zugedeckt ca. 2 Min. weitergaren, bis der Käse geschmolzen ist.

gebackene mairübchen

MIT SANFT-FRISCHEM AVOCADO-MINZE-DIP

Für 2 Personen
2 Bund Mairübchen (ca. 500 g ohne Grün)
1 TL Olivenöl
Meersalz
1 Bio-Limette
3–4 Stiele Minze
1 kleine Avocado (ca. 100 g Fruchtfleisch)
100 g saure Sahne (10 % Fett)
½ TL Wasabipaste (aus der Tube)
grüner Pfeffer aus der Mühle
Backpapier für das Backblech
Zubereitung: 30 Min.
Pro Portion: ca. 250 kcal, 5 g EW, 20 g F, 10 g KH

1 Den Backofen auf 150° vorheizen. Ein Backblech mit Backpapier auslegen. Die Mairübchen dünn schälen, in ca. 2 cm dicke Scheiben oder Spalten schneiden und auf dem Backblech verteilen. Die Mairübchen mit dem Öl beträufeln und mit Salz würzen. Im Backofen (Mitte) ca. 20 Min. backen.

2 Inzwischen die Limette heiß waschen und abtrocknen, die Schale abreiben und 1–2 TL Saft auspressen. Die Minze waschen und trocken tupfen, ein paar Blätter ganz lassen und den Rest hacken.

3 Die Avocado halbieren und den Stein entfernen. Das Fruchtfleisch aus den Hälften lösen, mit einer Gabel zerdrücken und mit der sauren Sahne verrühren. Mit Wasabi, Salz, Pfeffer und Limettensaft würzen. Die gehackte Minze und die Hälfte der Limettenschale untermischen.

4 Die Rübchen heiß oder lauwarm mit dem Dip anrichten, mit der restlichen Limettenschale und den übrigen Minzeblättchen bestreuen.

FRITTATA MIT GRÜNEM GEMÜSE

blattspinat-quark-plätzchen mit rohkost

ZARTE PLÄTZCHEN TREFFEN AUF KNACKIGES GEMÜSE

Für 2 Personen
200 g Magerquark
1 Msp. Safranfäden
Salz
1 Ei (Größe S)
60 g Hartweizengrieß
2 EL frisch geriebener Hartkäse (s. S. 10)
frisch geriebene Muskatnuss
schwarzer Pfeffer aus der Mühle
100 g Blattspinat
1 kleine Zwiebel
1 Knoblauchzehe
1 EL Olivenöl
Pfeffer
3 EL Apfelbalsamessig
3 Stiele glatte Petersilie
100 g Möhren
100 g Mairübchen
1 kleiner Apfel (ca. 120 g)
Zubereitung: 1 Std.
Pro Portion: ca. 330 kcal, 23 g EW, 10 g F, 34 g KH

1 Ein Sieb mit einem Mulltuch auslegen. Den Quark darin ca. 30 Min. abtropfen lassen. Inzwischen den Safran mit etwas Salz im Mörser zerreiben. Das Ei mit einer Gabel verschlagen. Den Quark mit Ei, Grieß und Käse verrühren, dann mit Safransalz, Muskat und Pfeffer würzen. Die Masse zugedeckt mindestens 30 Min. quellen lassen.

2 Inzwischen den Spinat verlesen, putzen und gründlich waschen. Zwiebel und Knoblauch schälen und fein hacken. ½ EL Öl in einem Topf erhitzen, die Zwiebel darin glasig dünsten, den Knoblauch ca. ½ Min. mitdünsten. Den nassen Spinat dazugeben und zugedeckt 1–2 Min. mitdünsten, bis er zusammengefallen ist. Den Spinat offen weitere 2 Min. dünsten, damit die Flüssigkeit verdunstet. Den Spinat salzen und pfeffern und abkühlen lassen, dann etwas ausdrücken und grob hacken.

3 Den Essig mit 1 Prise Salz verrühren. Die Petersilie waschen, trocken tupfen und hacken. Die Möhren und Mairübchen putzen, schälen und mit der Juiliennereibe in feine Streifen hobeln. Den Apfel gründlich waschen, mit der Schale ebenfalls in Streifen hobeln und sofort mit dem Essig beträufeln. Mit den Möhrenraspeln und der Petersilie mischen.

4 Die Quarkmasse mit dem Spinat vermischen. Das restliche Öl in einer großen beschichteten Pfanne erhitzen. Mit einem Esslöffel 8–10 Portionen Teig abstechen, in die Pfanne setzen, kurz anbraten, mit dem Pfannenwender vorsichtig flach drücken und bei kleiner bis mittlerer Hitze in 8–10 Min. goldgelb und knusprig braten, dabei gelegentlich wenden. Die heißen Plätzchen mit der Rohkost servieren.

kohlrabi mit hirsefüllung

WÜRZIG DURCH KORIANDER UND CUMIN

Für 2 Personen
3 Frühlingszwiebeln | 1 Knoblauchzehe
60 g Hirse | 2 junge Kohlrabi (à 200–250 g)
1 EL Olivenöl | 1 Msp. Kurkumapulver
je ¼ TL gemahlener Koriander und Cumin
250 ml Gemüsebrühe (Rezept Seite 26)
300 g Fleischtomaten | Salz | Pfeffer
4 Stiele glatte Petersilie | 125 g Ricotta
3 EL frisch geriebener Hartkäse (s. S. 10)
Zubereitung: 1 Std. 5 Min.
Pro Portion: ca. 360 kcal, 17 g EW, 19 g F, 32 g KH

1 Frühlingszwiebeln putzen und waschen. Das Weiße hacken, das Grüne in Ringe schneiden. Knoblauch schälen und hacken. Hirse waschen und abtropfen lassen. Kohlrabi schälen, jeweils einen Deckel abschneiden und mit einem Kugelausstecher aushöhlen. Beides klein würfeln. Öl erhitzen, das Weiße der Frühlingszwiebeln darin glasig dünsten. Knoblauch kurz mitdünsten. Gehackten Kohlrabi dazugeben und 2–3 Min. mitdünsten. Hirse und Gewürze hinzufügen, 150 ml Brühe dazugießen und aufkochen. Zugedeckt in ca. 20 Min. ausquellen lassen.

2 Ausgehöhlte Kohlrabi in einem Dämpfeinsatz über dem Dampf in 8–12 Min. bissfest garen. Tomaten schälen, halbieren, entkernen und klein würfeln. Ein Drittel davon beiseitelegen, Rest salzen und pfeffern. Ofen auf 200° (180° Umluft) vorheizen. Petersilie waschen, trocken tupfen und hacken. Hirse mit zwei Dritteln der Tomaten, Ricotta, Frühlingszwiebelgrün und Petersilie mischen, salzen und pfeffern. Kohlrabi damit füllen, in eine ofenfeste Form setzen und mit Käse bestreuen. Übrige Brühe mit restlichen Tomaten mischen und in die Form geben. Im Ofen (Mitte) 8–10 Min. überbacken.

chicorée mit kartoffestampf

HERZHAFT DURCH SENF UND KAPERN

Für 2 Personen
300 g mehligkochende Kartoffeln | Salz
2 große oder 4 kleine Chicorée (ca. 400 g)
150 ml Sojasahne
2 TL körniger Senf | 2 TL Dijonsenf
grüner Pfeffer aus der Mühle | 2 TL Kapern
20 g frisch geriebener Hartkäse (s. S. 10)
1 Zwiebel | 200 g Salatgurke
1 TL Olivenöl
150 ml Gemüsebrühe (Rezept Seite 26)
2 Stiele glatte Petersilie
Zubereitung: 50 Min.
Pro Portion: ca. 310 kcal, 12 g EW, 17 g F, 29 g KH

1 Ofen auf 220° (Umluft 200°) vorheizen. Kartoffeln schälen und in Salzwasser in ca. 20 Min. garen. Den Chicorée putzen, längs halbieren, dabei den mittleren Strunk entfernen. Chicorée in einem Dämpfeinsatz über Dampf ca. 5 Min. vorgaren.

2 Sojasahne mit beiden Senfsorten verrühren, pfeffern und salzen. Kapern abtropfen lassen und untermischen. Den Chicorée in eine ofenfeste Form legen, mit Sojasahne begießen, mit Käse bestreuen und im Ofen (oben) in 10–12 Min. goldgelb überbacken.

3 Zwiebel schälen und hacken. Gurke schälen, längs halbieren, entkernen, würfeln. Öl erhitzen, Zwiebel darin glasig dünsten. Gurke dazugeben und kurz mit andünsten, mit Brühe ablöschen. Gurke ca. 6 Min. köcheln lassen, bis sie weich sind und die Brühe fast verdampft ist. Kartoffeln abgießen, ausdampfen lassen, mit Gurke mischen und grob zerstampfen. Kartoffelstampf salzen und pfeffern. Petersilie waschen, trocken tupfen, hacken. Stampf und Chicorée anrichten. Mit Petersilie bestreuen.

KOHLRABI MIT HIRSEFÜLLUNG

frühlingsgemüse-wok mit glasnudeln

HEIMISCHES GEMÜSE IN SUPERLEICHTER ASIA-BRÜHE

Für 2 Personen
80 g Glasnudeln (z. B. Vermicelli)
1 Bund Mairübchen (ca. 250 g)
250 g Möhren
4 Stangen Staudensellerie (ca. 200 g)
1 Bund Frühlingszwiebeln
100 g Zuckerschoten
1 große Chilischote
10 g frischer Ingwer
1 Bio-Limette
1 Bund Koriandergrün
1 EL Rapsöl
300 ml ungesüßtes Kokoswasser (z. B. Coco-Drink)
300 ml Gemüsebrühe (Rezept Seite 26)
10 g feste Kokoscreme (Block)
2 TL helle Sojasauce
2 TL Mirin (nach Belieben)
Salz (nach Belieben)
Zubereitung: 1 Std.
Pro Portion: ca. 370 kcal, 7 g EW, 10 g F, 52 g KH

1 Die Glasnudeln in kochendem Wasser in 3–4 Min. garen, dann kalt abschrecken und abtropfen lassen. Von den Mairübchen die festen Blätter ohne die Stiele ablösen, in ca. 2 cm große Stücke schneiden, waschen und in kochendem Wasser ca. 1 Min. blanchieren. Herausnehmen, eiskalt abschrecken und ausdrücken.

2 Mairübchen und Möhren putzen, schälen und in ca. 5 mm dicke Stifte schneiden. Den Staudensellerie waschen, putzen, entfädeln und in ca. 1 cm dicke Scheibchen schneiden. Die Frühlinsgzwiebeln putzen und waschen, das Weiße schräg in ca. 2 cm breite Stücke und das Grüne in feine Ringe schneiden. Die Zuckerschoten waschen, putzen und schräg halbieren.

3 Chilischote putzen, waschen, in dünne Ringe schneiden und dabei entkernen. Den Ingwer schälen und grob reiben. Die Limette heiß waschen und abtrocknen, die Schale abreiben und 2–3 TL Saft auspressen. Koriandergrün waschen und trocken tupfen, die Blätter abzupfen und die Stiele hacken.

4 Einen beschichteten Wok erhitzen und das Öl darin heiß werden lassen. Das Weiße der Frühlingszwiebel darin unter Rühren ca. ½ Min. braten. Möhrenstifte dazugeben und unter Rühren ca. 2 Min. mitbraten. Rübchen und Sellerie hinzufügen und unter Rühren ca. 2 Min. braten. Ingwer, Chili und Korianderstiele dazugeben und kurz mitbraten. Mit Kokoswasser und Brühe ablöschen und aufkochen. Das Gemüse in 2–3 Min. bissfest garen. Kokoscreme in kleinen Stückchen in der Brühe auflösen. Die Zuckerschoten dazugeben und ca. 1 Min. köcheln lassen. Glasnudeln, Frühlingszwiebelgrün und Rübchengrün dazugeben und kurz erhitzen.

5 Das Gemüse mit Limettensaft, Sojasauce und nach Belieben mit Mirin würzen, eventuell noch etwas salzen. In großen Suppenschalen anrichten, mit Korianderblättchen und Limettenschale besteuen.

nudeln mit grünem gemüse

KÖSTLICH MIT WEISSWEIN-SOJASAHNE-SAUCE

Für 2 Personen
200 g grüner Spargel
200 g schlanke, grüne oder gelbe Zucchini
6–8 Stiele glatte Petersilie
2 Schalotten | Salz | 1 TL Olivenöl
100 ml Weißwein (z. B. Riesling)
150 ml Gemüsebrühe (Rezept Seite 26)
100 ml Sojasahne
schwarzer Pfeffer aus der Mühle
100 g Hartweizen-Bandnudeln
Zubereitung: 45 Min.
Pro Portion: ca. 350 kcal, 10 g EW, 11 g F, 44 g KH

1 Den Spargel im unteren Drittel schälen und die holzigen Enden abschneiden. Die Stangen waschen, mit dem Sparschäler längs Streifen abziehen. Zucchini waschen, putzen und ebenfalls in Streifen schneiden, diese eventuell noch einmal längs und einmal quer halbieren. Petersilie waschen, trocken tupfen und hacken. Die Schalotten schälen und fein würfeln.

2 In einem Topf Wasser aufkochen und salzen. Öl erhitzen, die Schalotten darin glasig dünsten. Wein und Brühe dazugießen, aufkochen und offen bei mittlerer Hitze auf etwa die Hälfte reduzieren. Sojasahne einrühren, mit Salz und Pfeffer würzen.

3 Nudeln in kochendem Salzwasser nach Packungsangabe bissfest garen. Ca. 3 Min. vor dem Ende der Garzeit die Spargelstreifen hineingeben und ca. 1 ½ Min. mitgaren. Die Zucchinistreifen dazugeben und 1–2 Min. mitkochen, bis das Gemüse bissfest ist. Nudeln und Gemüse in ein Sieb abgießen und abtropfen lassen, dann mit der Sauce mischen. Die Hälfte der Petersilie unterheben und den Rest darüberstreuen.

maultaschen mit quarkfüllung

KLASSIKER IN LEICHTER BOUILLON

Für 2 Personen
60 g Magerquark
120 g mehligkochende Kartoffeln | Salz
100 g Mehl | 1 Ei (Größe S)
1 Schalotte | 1 TL Olivenöl
½ Bund Petersilie
4 EL frisch geriebener Hartkäse (s. S. 10)
Kräutersalz | grüner Pfeffer aus der Mühle
700 ml Gemüsebrühe (Rezept Seite 26)
einige Spritzer Zitronensaft | Mehl zum Arbeiten
Zubereitung: 1 Std. 10 Min.
Pro Portion: ca. 330 kcal, 17 g EW, 9 g F, 46 g KH

1 Quark in einem Sieb abtropfen lassen. Die Kartoffeln schälen und in wenig Salzwasser in ca. 20 Min. garen. Dann abgießen und ausdampfen lassen. Für den Nudelteig Mehl, Ei, ¼ TL Salz und 4–5 TL Wasser mit den Händen verkneten. Den Teig in Frischhaltefolie wickeln und ca. 20 Min. ruhen lassen.

2 Schalotte schälen und hacken. Das Öl erhitzen, die Schalotte darin glasig dünsten und abkühlen lassen. Die Petersilie waschen, trocken tupfen und hacken. Kartoffeln und Quark zerstampfen. Schalotte, zwei Drittel der Petersilie und die Hälfte von dem Käse untermischen. Mit Kräutersalz und Pfeffer würzen.

3 Wasser aufkochen und salzen. Den Teig auf einer bemehlten Arbeitsfläche dünn ausrollen. Aus dem Teig Kreise (8–9 cm Ø) ausstechen. In die Mitte je 1 TL Füllung setzen, die Ränder mit Wasser bestreichen. Die Kreise zu Halbmonden zusamenklappen und andrücken. In siedendem Wasser zugedeckt in 6–8 Min. garen. Brühe erhitzen, mit Salz und Zitronensaft würzen. Maultaschen herausheben, mit Brühe, restlichem Käse und der übrigen Petersilie servieren.

NUDELN MIT SPARGEL UND ZUCCHINI

graupenrisotto mit frühlingsgemüse

DAS BEGEISTERT JEDEN

Für 2 Personen
½ Bund Frühlingszwiebeln
1 Petersilienwurzel (ca. 60 g)
150 g kleine Bundmöhren
1 Stange Staudensellerie
100 g Perlgraupen (oder Grünkern)
400 ml Gemüsebrühe
(Rezept Seite 26)
1 ½ EL Olivenöl
100 ml Weißwein (z. B. Riesling)
150 g Mairübchen
150 g Zuckerschoten
4–6 Stiele glatte Petersilie
Salz
schwarzer Pfeffer aus der Mühle
40 g Frischkäse (16 % Fett)
Zubereitung: 1 Std. 5 Min.
Pro Portion: ca. 380 kcal, 12 g EW, 11 g F, 51 g KH

1 Die Frühlingszwiebeln putzen und waschen. Das Weiße hacken und das Grüne in feine Ringe schneiden. Die Petersilienwurzel und 1 kleine Möhre putzen, schälen und in sehr kleine Würfel schneiden. Den Staudensellerie waschen, putzen, entfädeln und ebenfalls sehr klein würfeln. Die Graupen in einem Sieb gründlich waschen und abtropfen lassen. Die Brühe erhitzen.

2 1 EL Öl in einem Topf erhitzen, das klein geschnittene Gemüse darin 2–3 Min. andünsten. Die Graupen dazugeben und ca. 1 Min. mit andünsten, mit dem Wein ablöschen. Sobald der Wein verdampft ist, die heiße Brühe dazugießen und aufkochen. Die Graupen zugedeckt bei kleiner Hitze in ca. 35 Min. garen, dabei öfter umrühren.

3 Inzwischen die übrigen Möhren schälen, dabei einen kleinen Rest von dem Grün dranlassen. Die Mairübchen putzen, schälen und in ca. 1 cm dicke Stifte oder Spalten schneiden. Die Zuckerschoten waschen, putzen und je nach Größe schräg halbieren oder ganz lassen. Petersilie waschen, trocken tupfen und hacken.

4 Etwa 10 Min., bevor die Graupen gar sind, die Möhren in einen Dämpfeinsatz geben. Etwas Wasser in einem Topf aufkochen. Die Möhren über dem Dampf in ca. 3 Min. garen, die Mairübchen dazugeben und ca. 2 Min. mitdämpfen. Die Zuckerschoten hinzufügen und ca. 2 Min. dämpfen. Das Gemüse mit dem restlichen Öl beträufeln, mit Salz und Pfeffer würzen und mit der Petersilie mischen.

5 Den Graupenrisotto mit Salz und Pfeffer abschmecken, den Frischkäse unterziehen. Auf zwei Tellern anrichten, das Gemüse drum herum verteilen. Mit dem Frühlingszwiebelgrün bestreuen.

spitzkohl mit semmelknödel

SO LEICHT KANN DEFTIGES SCHMECKEN

Für 2 Personen
2 Brötchen (ca. 90 g) | 125 ml Milch
100 g Zwiebeln | 3 TL Olivenöl
6 Stiele glatte Petersilie | 1 Ei (Größe S)
Salz | schwarzer Pfeffer aus der Mühle
frisch geriebene Muskatnuss
400 g Spitzkohl
250 ml Gemüsebrühe (Rezept Seite 26)
150 g Frischkäse (16 % Fett)
1 Msp. Kurkumapulver | Backpapier
Zubereitung: 1 Std. 10 Min.
Pro Portion: ca. 395 kcal, 22 g EW, 19 g F, 34 g KH

1 Brötchen in Scheiben schneiden und toasten. Milch erwärmen. Brötchenscheiben mit der Milch begießen und ca. 30 Min. quellen lassen. Zwiebeln schälen und würfeln. 1 TL Öl erhitzen, ein Drittel der Zwiebeln darin glasig dünsten und abkühlen lassen. Die Petersilie waschen, trocken tupfen und hacken. Die Brötchen mit Ei, Zwiebeln und drei Viertel der Petersilie verkneten. Die Masse mit Salz, Pfeffer und Muskat würzen und zu 6 kleinen Knödeln formen.

2 Wasser in einem Wok aufkochen. Einen Bambus-Dämpfkorb mit Backpapier auslegen, mit 1/4 TL Öl bepinseln, die Knödel darauflegen. Im Wok zugedeckt 12–15 Min. dämpfen. Spitzkohl putzen, waschen und in Streifen schneiden. Restliches Öl erhitzen, übrige Zwiebeln darin glasig dünsten. Spitzkohl dazugeben und unter Rühren 1–2 Min. mitdünsten, mit Brühe ablöschen und aufkochen. Den Kohl zugedeckt ca. 5 Min. köcheln, dann offen 3 Min. köcheln lassen. Den Frischkäse einrühren und 2–3 Min. weiterköcheln, bis die Sauce sämig ist. Mit Kurkumapulver, Salz und Pfeffer würzen. Spitzkohl und Knödel anrichten und mit übriger Petersilie bestreuen.

omelett mit spargel und tomaten

EINE SYMPHONIE IN ROT, GELB UND GRÜN

Für 2 Personen
400 g grüner Spargel
150 g Kirschtomaten
1/4 TL Safranfäden
Salz | 4 Eier
schwarzer Pfeffer aus der Mühle
1/4 TL Chiliflakes
1 EL Olivenöl
4 Stiele Basilikum
2 Stiele Minze
Zubereitung: 25 Min.
Backen: 12 Min.
Pro Portion: ca. 250 kcal, 17 g EW, 17 g F, 6 g KH

1 Den Backofen auf 180° (keine Umluft) vorheizen. Den Spargel im unteren Drittel schälen und die holzigen Enden abschneiden. Die Stangen waschen und schräg in ca. 3 cm große Stücke schneiden. Die Tomaten waschen und trocken tupfen. Die Safranfäden mit 1/4 TL Salz im Mörser fein zerreiben. Die Eier verrühren, mit Safransalz, Pfeffer und Chiliflakes würzen.

2 In einer Pfanne mit ofenfestem Griff (oder mit Alufolie umwickeln) das Öl erhitzen, die Tomaten darin unter Rühren ca. 1 Min. anbraten. Die dickeren Spargelstücke dazugeben und unter Rühren bei mittlerer Hitze ca. 2 Min. anbraten, den restlichen Spargel dazugeben und ca. 2 Min. unter Rühren mitbraten.

3 Das Gemüse salzen und pfeffern. Die Eier darübergießen und ca. 3 Min. stocken lassen, dann im Ofen (Mitte) in 10–12 Min. fertig garen, bis das Omelett weich ist. Inzwischen die Kräuter waschen, trocken tupfen und grob zerpflücken. Das Omelett damit bestreuen und servieren.

SPITZKOHL MIT SEMMELKNÖDEL

2
3
1

frühlingssnacks

1 gurken-kräuter-quark

ERFRISCHENDES ZUM LÖFFELN

Für 2 Personen | Zubereitung: 20 Min.
Pro Portion: ca. 140 kcal, 18 g EW, 4 g F, 8 g KH
1 Ei (Größe M) | 150 g Salatgurke | 2 Frühlingszwiebeln | 2 Stiele Dill | 1–2 Stiele glatte Petersilie | 200 g Magerquark | 1 TL Apfeldicksaft | 2 TL Dijonsenf | Kräutersalz | grüner Pfeffer aus der Mühle

1 Das Ei in 10–12 Min. hart kochen. Inzwischen die Gurke schälen, längs halbieren, mit einem Teelöffel entkernen und klein würfeln. Die Frühlingszwiebeln putzen und waschen, das Weiße hacken und das Grüne in feine Ringe schneiden. Die Kräuter waschen und trocken tupfen, die Dillspitzen und Petersilienblätter hacken.

2 Das Ei kalt abschrecken, pellen und hacken. Den Quark mit Apfeldicksaft und Senf glatt rühren, mit Salz und Pfeffer würzen. Das Ei, die Gurkenwürfel, Frühlingszwiebeln und Kräuter untermischen.

2 erdbeerdrink

FRUCHTIGES FÜR ZWISCHENDURCH

Für 2 Gläser | Zubereitung: 15 Min.
Pro Glas: ca. 105 kcal, 4 g EW, 2 g F, 18 g KH
250 g Erdbeeren | 4 Stiele Minze | 250 ml ungesüßtes Kokoswasser (z. B. Coco-Drink) | grüner Pfeffer aus der Mühle | 150 g Joghurt (1,5 % Fett)

1 Die Erdbeeren waschen, putzen und in grobe Stücke schneiden. Minze waschen und trocken tupfen. Ein paar kleine Blätter beiseitelegen und den Rest fein hacken.

2 Die Erdbeeren mit dem Kokoswasser und der Minze sehr fein pürieren und mit etwas grünem Pfeffer würzen. Den Joghurt dazugeben und nochmals durchmixen. Den Drink in zwei hohe Gläser füllen und nach Belieben mit den Minzeblättern oder einer Erdbeerhälfte garnieren.

3 kräuter-tofu-dip

FEIN ALS DIP UND BROTAUFSTRICH

Für 2 Personen | Zubereitung: 20 Min.
Pro Portion: ca. 160 kcal, 10 g EW, 11 g F, 5 g KH
1 Bio-Zitrone | 4 Stiele glatte Petersilie | 2 Stiele Dill | ½ Bund Schnittlauch | ½ Beet Gartenkresse | 200 g Tofu (natur) | 1 EL Olivenöl | 2 EL Sojasahne | ½ TL Akazienhonig | Salz | grüner Pfeffer aus der Mühle

1 Die Zitrone heiß waschen und abtrocknen, etwa 1 TL Schale abreiben und 1–2 EL Saft auspressen. Petersilie, Dill und Schnittlauch waschen und trocken tupfen. Petersilie und Dillspitzen fein hacken, den Schnittlauch in feine Röllchen schneiden. Die Kresse vom Beet schneiden, in einem Sieb waschen und trocken tupfen.

2 Den Tofu mit Küchenpapier trocken tupfen, zerbröckeln und mit 1 EL Zitronensaft, Öl, Sojasahne und Honig mit dem Stabmixer fein pürieren. Petersilie, Dill, Schnittlauch und die Hälfte der Kresse untermischen, mit Salz, Pfeffer und eventuell etwas mehr Zitronensaft würzen. Mit übriger Kresse bestreuen.

Cuisine

SOMMER

Unsere Lieblings-Saison! Wir verlegen das Leben nach draußen, Garten und Balkon werden zu unserem Wohnzimmer. Wir lassen uns von der Sonne verwöhnen – genauso wie das Obst und Gemüse. Die Farbenvielfalt ist so groß wie nie. Und zu keiner anderen Jahreszeit schmecken Tomaten aromatischer, Gurken saftiger, Kirschen und die herrlichen Beerenfrüchte süßer!

blattsalat mit gezuckerter zitrone

RAFFINIERT MIT MELONE UND PISTAZIEN

Für 2 Personen
200 g reife Melone (Galia oder Cantaloupe)
2 Zitronen
2 TL Zucker
Meersalz
grüner Pfeffer aus der Mühle
75 g Baby-Blattsalate (z. B. Spinat, Mangold oder Rucola)
3 Stiele Basilikum
2 Stiele glatte Petersilie | 1 Stiel Dill
20 g gesalzene Pistazienkerne
2 EL Olivenöl
Zubereitung: 30 Min.
Pro Portion: ca. 220 kcal, 4 g EW, 16 g F, 14 g KH

1 Die Melone schälen, entkernen und in dünne Scheiben schneiden. Die Zitronen schälen, dabei das Weiße mit entfernen, und in hauchdünne Scheibchen schneiden, dabei die Kerne entfernen. Den Saft, der dabei austritt, über die Melone träufeln.

2 Die Zitronenscheiben auf einem Teller auslegen, mit Zucker bestreuen, etwas salzen, pfeffern und stehen lassen, bis sich der Zucker gelöst hat.

3 Inzwischen den Salat putzen, waschen und trocken schleudern. Die Kräuter waschen und trocken tupfen. Basilikum- und Petersilienblätter zerpfücken. Die Dillspitzen grob hacken. Die Kräuter mit dem Salat mischen und auf zwei Teller verteilen. Die Zitronen- und Melonenscheiben daraufgeben und locker unterheben. Die Pistazienkerne grob hacken und darüberstreuen. Mit dem Öl beträufeln und mit etwas Meersalz und Pfeffer würzen.

rucola mit gegrillter melone

MINZE UND FETA SORGEN FÜR WÜRZE

Für 2 Personen
1 kleines Bund Rucola (ca. 80 g)
4 Stiele Minze
100 g Schafskäse (45 % Fett, Feta)
1 großes Stück Wassermelone (Fruchtfleisch ca. 250 g)
2 TL guter Aceto balsamico
Meersalz
schwarzer Pfeffer aus der Mühle
1 ½ EL Olivenöl
½ Zitrone
¼ TL Chiliflakes (z. B. Piment d'Espelette)
Zubereitung: 25 Min.
Pro Portion: ca. 240 kcal, 11 g EW, 16 g F, 13 g KH

1 Rucola verlesen, putzen, waschen und trocken schleudern. Minze waschen, trocken tupfen, die kleinen Blättchen ganz lassen, die größeren zerpflücken. Den Käse zerbröckeln. Die Melone in ca. 2 cm dicke Scheiben schneiden, die Schale und Kerne entfernen. Melone mit Küchenpapier trocken tupfen.

2 Den Rucola auf Teller verteilen. Essig mit Salz, Pfeffer und 1 EL Öl verrühren. Den Rucola damit beträufeln. Eine Grillpfanne stark erhitzen, mit dem restlichen Öl dünn einpinseln, die Melonenscheiben darin auf jeder Seite 2–3 Min. grillen. Die Scheiben warm auf dem Rucola anrichten, mit einigen Spritzern Zitronensaft, Salz und Pfeffer würzen und mit Käse, Chili und Minze bestreuen.

tipp Wer keine Grillpfanne hat, kann die Melone auf den Gasgrill legen oder eine normale beschichtete Pfanne verwenden. Dann die Melone nur ca. 1 Min. auf jeder Seite braten.

BLATTSALAT MIT GEZUCKERTER ZITRONE

melonenschalen-pickles

1 Wassermelone dünn schälen. Die hellgrüne Schicht darunter würfeln (700–800 g), mit 1 ½ EL Salz mischen, über Nacht stehen lassen. Abbrausen, in frischem Wasser ca. 15 Min. köcheln lassen, dann abgießen. 250 ml Reisessig, 125 ml Apfelsaft, 500 g Zucker, 20 g gehackter Ingwer, die Schale von 1 Bio-Limette, 4 Gewürznelken, 1 Zimtstange und das Mark von 1 Vanilleschote sirupartig einkochen lassen. Melone zugeben und 50–60 Min. köcheln lassen. In Schraubgläser füllen. Passt zu Feta, Mozzarella und Quarkspeisen.

MELONENSCHALEN-PICKLES

RUCOLA MIT GEGRILLTER MELONE

MANGOLDSALAT MIT APRIKOSEN

mangoldsalat mit aprikosen

MIT GEBRATENEM KÄSE AUS ZYPERN

Für 2 Personen
150 g Halloumi (fester Schafskäse)
100 g rote Mangoldblätter (oder Babyspinat)
200 g reife Aprikosen | 100 g Himbeeren
1 rote Chilischote | 2 Stiele Minze
1 TL Aprikosenkonfitüre (nach Belieben)
2 EL Reisessig
Salz | schwarzer Pfeffer aus der Mühle
3 TL Olivenöl
Zubereitung: 35 Min.
Pro Portion: ca. 370 kcal, 19 g EW, 27 g F, 13 g KH

1 Den Käse – falls zu salzig – nach Belieben 10–15 Min. wässern. Mangoldblätter verlesen, waschen, trocken schleudern und auf zwei große Teller verteilen. Die Aprikosen waschen, trocken tupfen, halbieren und entkernen, die Hälften in Spalten schneiden. Die Himbeeren verlesen. Die Chilischote längs halbieren, entkernen, waschen und fein hacken. Die Minze waschen und trocken tupfen, kleine Blätter ganz lassen, den Rest zerpfücken.

2 Für das Dressing die Konfitüre mit 1 EL Essig und Chili verrühren, dann mit Salz und Pfeffer würzen. Den Käse mit Küchenpapier trocken tupfen und in ca. 1 cm dicke Scheiben schneiden.

3 1 ½ TL Öl in einer Pfanne erhitzen, die Aprikosenspalten darin kurz anbraten, dann herausnehmen. Das restliche Öl in der Pfanne erhitzen. Den Käse darin in 4–5 Min. auf beiden Seiten goldgelb braten und herausnehmen. Den Bratsatz mit dem übrigen Essig ablöschen und unter das Dressing rühren. Aprikosen, Käse und Himbeeren auf dem Salat verteilen und das Dressing darüberlöffeln. Mit der Minze bestreuen.

spinatsalat mit pinienkernen

SOMMERLICH BUNT MIT KIRSCHTOMATEN

Für 2 Personen
150 g Spinat
30 g Pinienkerne
250 g Kirschtomaten
100 g Minimozarella
Meersalz
schwarzer Pfeffer aus der Mühle
2 EL Aceto balsamico
1 EL Olivenöl

Zubereitung: 25 Min.
Pro Portion: ca. 310 kcal, 14 g EW, 24 g F, 8 g KH

1 Spinat verlesen, putzen, gründlich waschen, und trocken schleudern. Die Pinienkerne ohne Fett goldgelb rösten, herausnehmen und abkühlen lassen.

2 Inzwischen die Tomaten waschen, halbieren und dabei die Stielansätze entfernen. Die Mozzarellakugeln in einem Sieb abtropfen lassen und ebenfalls halbieren. Die Tomaten- und Mozzarellahälften salzen und pfeffern.

3 Für das Dressing den Essig mit Salz und Pfeffer verrühren, dann das Öl unterschlagen. Die Spinatblätter auf zwei großen Tellern anrichten. Die Tomaten- und Mozzarellahälften darauf verteilen. Den Salat mit dem Dressing beträufeln und die Pinienkerne darüberstreuen.

italienischer brotsalat

MIT RUCOLA, TOMATEN UND OLIVEN

Für 2 Personen
1 gelbe Paprikaschote (ca. 170 g)
200 g Salatgurke
Salz
1 kleine rote Zwiebel
1 Knoblauchzehe
1 ½ EL Sherryessig
2 TL Dijonsenf
schwarzer Pfeffer aus der Mühle
2 ½ EL Olivenöl
70 g Ciabatta (oder Roggenbrot)
50 g Rucola (oder Friséesalat, Babyspinat, rote Mangoldblätter)
2 Stiele Basilikum
150 g Kirschtomaten
½ TL Zucker
50 g Kapernäpfel
20 g schwarze Oliven ohne Stein
Zubereitung: 50 Min.
Pro Portion: ca. 300 kcal, 6 g EW, 17 g F, 27 g KH

1 Die Paprikaschote nach Belieben mit dem Sparschäler dünn schälen, vierteln, entkernen und waschen. Die Viertel quer in dünne Streifen schneiden. Die Gurke schälen, längs halbieren und mit einem Teelöffel entkernen. Die Hälften in dünne Scheiben schneiden oder hobeln und etwas salzen. Die Zwiebel schälen, halbieren und in sehr dünne Streifen schneiden. Den Knoblauch schälen und fein hacken.

2 Für das Dressing den Essig mit dem Senf, Salz und Pfeffer verrühren, dann 2 EL Öl nach und nach unterschlagen. Das Dressing mit den Paprikastreifen, Gurkenscheiben, Zwiebelstreifen und dem Knoblauch mischen und zugedeckt ziehen lassen.

3 Das Brot in mundgerechte Würfel schneiden und in einer Pfanne ohne Fett unter Rühren goldgelb rösten. Die Brotwürfel herausnehmen und beiseitestellen. Den Rucola verlesen, putzen, waschen und trocken schleudern. Das Basilikum waschen und trocken tupfen. Rucola und Basilikum zerpfücken.

4 Die Tomaten waschen und trocken tupfen. Das restliche Öl in einer Pfanne erhitzen, die Tomaten darin 3–4 Min. braten, bis sie leicht gebräunt sind und aufplatzen. Mit Zucker, Salz und Pfeffer würzen. Die Tomaten zum Salat geben. Den Bratsatz mit 2 EL Wasser ablöschen. Mit Brotwürfeln, Rucola und Basilikum unter den Salat mischen. Die Kapernäpfel waschen und trocken tupfen und mit den Oliven über den Salat streuen.

GEGRILLTE ZUCCHINISCHEIBEN

gegrillte zucchinischeiben

AROMATISCH-WÜRZIG MIT PARMESAN

Für 2 Personen
500 g große Zucchini
1 kleine Bio-Zitrone
10 g Pinienkerne
4 Stiele Basilikum
1–1 ½ EL Olivenöl
Salz | schwarzer Pfeffer aus der Mühle
¼ TL Chiliflakes (z. B. Piment d'Espelette)
2 EL Tomaten-Sprinkle (s. S. 10)
50 g Hartkäse (am Stück, s. S. 10)
Zubereitung: 35 Min.
Pro Portion: ca. 240 kcal, 13 g EW, 18 g F, 6 g KH

1 Den Backofen auf 100° vorheizen. Die Zucchini waschen, putzen und trocken reiben, dann längs in Scheiben hobeln. Die Zitrone heiß waschen und abtrocknen, die Schale mit dem Zestenreißer abziehen oder grob abreiben und ca. 1 EL Saft auspressen. Pinienkerne in einer Pfanne ohne Fett goldgelb rösten. Das Basilikum waschen, trocken tupfen und die Blätter abzupfen.

2 Eine beschichtete Grillpfanne stark erhitzen, mit jeweils ½ TL Öl einpinseln. Die Zucchinischeiben portionsweise quer zu den Rillen in die Pfanne legen und auf jeder Seite 1–2 Min. grillen, bis die Scheiben weich und noch etwas bissfest sind. Auf einen großen Teller legen, salzen, pfeffern und im Backofen warm halten, bis alle Zucchinischeiben gegrillt sind.

3 Die warmen Zucchinischeiben mit dem Zitronensaft beträufeln, mit Basilikumblättchen, Zitronenschale, Chiliflakes, Pinienkernen und Tomaten-Sprinkle bestreuen. Den Käse mit dem Schäler in dünnen Spänen darüberhobeln. Sofort servieren.

rettichsalat mit harzer käse

HERZHAFT MIT SENF

Für 2 Personen
150 g Rettich
Salz
3 EL Apfelessig
2 TL Dijonsenf
80 g Frischkäse (16 % Fett)
grüner Pfeffer aus der Mühle
1 Apfel (ca. 150 g)
1 Bund Radieschen
6–8 Schnittlauchhalme
200 g Sauermilchkäse (z. B. Korbkäse oder Harzer Roller)
Zubereitung: 25 Min.
Marinieren: 10 Min.
Pro Portion: ca. 240 kcal, 37 g EW, 5 g F, 11 g KH

1 Den Rettich schälen, vierteln und die Viertel in hauchdünne Scheiben hobeln, salzen und beiseitestellen. Inzwischen für das Dressing den Essig und den Senf mit dem Frischkäse glatt rühren. Das Dressing mit Salz und Pfeffer würzen.

2 Den Apfel waschen, vierteln, entkernen, die Viertel in dünne Scheiben schneiden und sofort mit dem Dressing mischen. Die Radieschen putzen, waschen und in Stifte oder Scheibchen schneiden oder hobeln. Den Schnittlauch waschen, trocken tupfen und in feine Röllchen schneiden. Den Käse in dünne Scheiben schneiden.

3 Rettich mit Küchenpapier abtupfen, mit dem Käse und den Radieschen unter den Apfel mischen. Den Salat mindestens 10 Min. ziehen lassen, dann mit dem Schnittlauch bestreut servieren. Dazu passt ein Roggenbrötchen.

linsen-papaya-süppchen

MIT JOGHURT-CHILI-TOPPING

Für 2 Personen
80 g rote Zwiebeln | 1 Knoblauchzehe
130 g Möhren | 15 g frischer Ingwer
70 g rote Linsen | 1 EL Olivenöl
1 TL Currypulver | 500 ml Gemüsebrühe
1 kleine, reife Papaya (ca. 200 g)
2 Limetten (davon 1 Bio-Limette)
100 ml Apfelsaft
Salz | Pfeffer | 100 g Joghurt (3,5 % Fett)
¼–½ TL Chiliflakes (z. B. Piment d'Espelette)
Zubereitung: 50 Min.
Pro Portion: ca. 270 kcal, 12 g EW, 8 g F, 30 g KH

1 Zwiebeln und Knoblauch schälen und würfeln. Möhren putzen, schälen und ca. 1 cm groß würfeln. Ingwer schälen und reiben. Die Linsen waschen und abtropfen lassen. Öl erhitzen, die Zwiebel darin glasig dünsten. Den Knoblauch ca. 1 Min. mitdünsten. Die Möhren dazugeben und unter Rühren 2–3 Min. mitdünsten. Currypulver und Linsen unterrühren. Mit Brühe ablöschen und aufkochen, dabei den entstehenden Schaum abschöpfen. Die Suppe zugedeckt bei mittlerer Hitze ca. 20 Min. köcheln lassen.

2 Papaya schälen, halbieren, entkernen, einige dünne Scheiben abschneiden und beiseitestellen. Den Rest grob würfeln und zur Suppe geben. Bio-Limette waschen und abtrocknen, Schale abreiben und 2–3 EL Saft auspressen.

3 Suppe mit Apfelsaft pürieren. Mit Salz, Pfeffer, der Hälfte der Limettenschale und 2–3 EL -saft würzen. Joghurt mit Salz glatt rühren. Suppe anrichten und jeweils einen Klecks Joghurt obendrauf geben. Papayascheiben darauflegen. Mit übriger Limettenschale und Chiliflakes bestreuen.

tomaten-aprikosen-suppe

MIT SÜSS-SCHARFEM JOGHURT-TOPPING

Für 2 Personen
80 g Zwiebeln
200 g reife, aromatische Aprikosen
½ Vanilleschote | 1 EL Olivenöl
2 TL Tomatenmark
ca. 150 ml Gemüsebrühe (Rezept Seite 26)
1 Dose stückige Tomaten (400 g Inhalt)
1 Lorbeerblatt | 1–2 Stiele Basilikum
100 g Joghurt (1,5 % Fett)
Salz | schwarzer Pfeffer aus der Mühle
1 TL Aprikosenmarmelade
¼ TL Chiliflakes
Zubereitung: 40 Min.
Pro Portion: ca. 160 kcal, 6 g EW, 6 g F, 18 g KH

1 Zwiebeln schälen und würfeln. Aprikosen waschen, trocken tupfen, halbieren und entkernen. Aprikosenhälften halbieren. Vanilleschote längs halbieren und das Mark herauskratzen. Öl erhitzen, die Zwiebeln darin glasig dünsten. Die Aprikosen dazugeben und unter Rühren 2–3 Min. mitdünsten. Tomatenmark unterrühren und ca. 2 Min. mitdünsten. Mit Brühe und Tomaten ablöschen. Vanillemark und -stange und das Lorbeerblatt dazugeben. Die Suppe aufkochen und zugedeckt bei kleiner Hitze ca. 10 Min. köcheln lassen.

2 Basilikum waschen und trocken tupfen, die Blätter zerpfücken. Joghurt mit etwas Salz, Pfeffer, Marmelade und der Hälfte der Chiliflakes verrühren.

3 Vanillestange und Lorbeerblatt entfernen. Die Suppe pürieren, eventuell etwas Brühe dazugeben. Suppe mit Salz und Pfeffer würzen, anrichten und je einen Klecks Joghurt daraufgeben, leicht verrühren. Mit übrigen Chiliflakes und Basilikum bestreuen.

LINSEN-PAPAYA-SÜPPCHEN

klassische gazpacho

ERFRISCHEND KÜHLER SOMMERGENUSS

Für 2 Personen
500 g aromatische Tomaten
50 g altbackenes Baguette
2 Knoblauchzehen
4 Stiele Basilikum
200 ml Gemüsefond (aus dem Glas)
1 EL Olivenöl
1 EL Sherryessig
Salz
schwarzer Pfeffer aus der Mühle
1 TL geräuchertes Paprikapulver (s. S. 11)
1 Msp. Cayennepfeffer
½ TL gemahlener Cumin
1 rote Paprikaschote
⅓ Salatgurke
3 Frühlingszwiebeln
Zubereitung: 35 Min.
Kühlen: 3–4 Std.
Pro Portion: ca. 200 kcal, 7 g EW, 7 g F, 27 g KH

1 Die Stielansätze der Tomaten entfernen. Die Tomaten kurz überbrühen, häuten, halbieren und entkernen. 2 Tomaten fein würfeln und beiseitestellen, den Rest grob hacken. Das Brot entrinden und in Wasser 5–10 Min. einweichen, dann ausdrücken. Den Knoblauch schälen und hacken. Das Basilikum waschen und trocken tupfen, einige Basilikumblätter ganz lassen und beiseitelegen, den Rest grob hacken.

2 Die gehackten Tomaten mit Brot, Knoblauch, gehacktem Basilikum, Fond, Öl und Essig im Mixer fein pürieren. Das Püree mit Salz, Pfeffer, Paprikapulver, Cayennepfeffer und Cumin würzen und 3–4 Std. in den Kühlschrank stellen.

3 Vor dem Servieren die Paprikaschote nach Belieben schälen, halbieren, entkernen, waschen und fein würfeln. Die Gurke schälen, halbieren, entkernen und sehr fein würfeln. Die Frühlingszwiebeln putzen, waschen und in sehr feine Ringe schneiden.

4 Das Gemüse mit den Tomatenwürfeln mischen, salzen und pfeffern. Die eiskalte Suppe in tiefe Teller oder Gläser füllen und in die Mitte die Gemüsemischung geben. Mit Basilikum garnieren.

variante fruchtige gazpacho

Die Hälfte der Tomaten durch reife Wassermelone ersetzen. Die Suppeneinlage aus 1 gelben Paprikaschote, 2 reifen Aprikosen und Frühlingszwiebeln zubereiten. Und statt Räucherpaprikapulver edelsüßes verwenden.

tipps 20 g Mandelblättchen ohne Fett goldgelb rösten und über die Gazpacho streuen. Oder 1–2 Eier hart kochen, kalt abschrecken, pellen, würfeln und über die Gazpacho streuen. Oder 2 Scheiben Toastbrot rösten, mit ½ Knoblauchzehe einreiben, den Toast halbieren und zur Gazpacho reichen.

tofuburger mit tomaten

WÜRZIG-SCHARF DURCH HARRISSA

Für 2 Personen
70 g Zucchino | 1 Möhre (ca. 70 g)
200 g Tofu (natur) | 100 g Zwiebeln
1 Ei (Größe S)
1 TL Kräutersalz | 2 TL Sojasauce
schwarzer Pfeffer | 20 g zarte Haferflocken
1 ½ EL Olivenöl | 2 TL Tomatenmark
1 TL Akazienhonig
1 Dose stückige Tomaten (400 g Inhalt)
150 ml Gemüsebrühe (Rezept Seite 26)
½–1 TL Harissa | ½ TL gemahlener Cumin
Salz | 2 Stiele Thymian
Zubereitung: 1 Std. 5 Min.
Pro Portion: ca. 300 kcal, 18 g EW, 17 g F, 19 g KH

1 Zucchino waschen, putzen. Möhre putzen, schälen. Beides grob raspeln, zwischen Küchenpapier fest ausdrücken. Tofu quer halbieren, trocken tupfen und zerkrümeln. Zwiebeln schälen und würfeln, die Hälfte zum Tofu geben, den Rest beiseitestellen. Ei verschlagen, mit Kräutersalz, Sojasauce, Pfeffer und Tofu pürieren. Haferflocken und Gemüse untermischen und ca. 10 Min. quellen lassen.

2 ½ EL Öl erhitzen, restliche Zwiebeln darin glasig dünsten. Tomatenmark und Honig dazugeben und unter Rühren kurz anrösten, mit Tomaten und Brühe ablöschen. Aufkochen und zugedeckt bei mittlerer Hitze ca. 15 Min. köcheln lassen. Dann offen weiterköcheln, bis die Flüssigkeit fast verkocht ist. Mit Harissa, Cumin und Salz würzen. Übriges Öl in einer beschichteten Pfanne erhitzen. Aus der Tofumasse 4 Kugeln formen, diese in die Pfanne setzen, flach drücken und auf jeder Seite 4–5 Min. braten. Thymian waschen, trocken tupfen und die Blätter hacken. Burger mit Ragout anrichten und mit dem Thymian bestreuen.

libanesischer auberginen-bulgur

SÜSSLICH-PIKANT DURCH SULTANINEN

Für 2 Personen
300 ml Gemüsebrühe (Rezept Seite 26)
75 g Bulgur | 2 kleine rote Zwiebeln
1 große Aubergine (ca. 400 g)
4 Stiele glatte Petersilie | 1 EL Olivenöl
Salz | 20 g Sultaninen
2 TL Aceto balsamico
schwarzer Pfeffer aus der Mühle
je ¼–½ TL Cayennepfeffer, Zimt- und Kurkumapulver
50 g saure Sahne
Zubereitung: 40 Min.
Pro Portion: ca. 290 kcal, 8 g EW, 9 g F, 41 g KH

1 200 ml Brühe aufkochen. Bulgur waschen und dazugeben, dann aufkochen und zugedeckt bei mittlerer Hitze ca. 10 Min. (oder nach Packungsangabe) köcheln lassen. Zugedeckt warm halten.

2 Zwiebeln schälen, halbieren und in dünne Streifen schneiden. Aubergine waschen, putzen und ca. 1,5 cm groß würfeln. Petersilie waschen, trocken tupfen und zerpfücken. Einen beschichteten Wok erhitzen, das Öl darin heiß werden lassen. Die Zwiebeln darin unter Rühren ca. 3 Min. andünsten. Auberginenwürfel dazugeben und unter Rühren ca. 2 Min. anbraten, salzen und 4–5 Min. weiterbraten, bis sie an Volumen verlieren. Sultaninen und restliche Brühe dazugeben und offen bei mittlerer Hitze ca. 5 Min. köcheln, bis die Sultaninen weich sind.

3 Mit Essig, Pfeffer, Cayennepfeffer, Zimt- und Kurkumapulver würzen. Bulgur untermischen, erwärmen und anrichten. Saure Sahne glatt rühren und je einen Klecks daraufgeben. Mit Petersilie bestreuen.

LIBANESISCHER AUBERGINEN-BULGUR

peperonata mit safranrisotto

AUCH FEIN FÜR GÄSTE

Für 2 Personen
700 g rote und gelbe Paprikaschoten
1 Schalotte
1 Msp. Safranfäden
2–3 Stiele glatte Petersilie
2–3 Pimentkörner
ca. 450 ml Gemüsebrühe (Rezept Seite 26)
1 ½ EL Olivenöl
100 g Risottoreis (z. B. Vialone)
50 ml trockener Weißwein (oder mehr Brühe)
3 EL frisch geriebener Hartkäse (s. S. 10)
Meersalz
schwarzer Pfeffer aus der Mühle
1 EL Aceto balsamico bianco
frisch geriebene Muskatnuss
¼–½ TL Chiliflakes (z. B. Piment d'Espelette)
Zubereitung: 45 Min.
Pro Portion: ca. 350 kcal, 9 g EW, 10 g F, 50 g KH

1 Die Paprikaschoten nach Belieben mit dem Sparschäler dünn schälen, vierteln, entkernen, waschen und in ca. 2 x 2 cm große Rauten oder Quadrate schneiden. Die Schalotte schälen und fein hacken. Den Safran im Mörser zerreiben und mit 1 EL heißem Wasser verrühren. Die Petersilie abbrausen und trocken tupfen, die Hälfte hacken und den Rest zerpflücken. Die Pimentkörner im Mörser zerstoßen.

2 Die Brühe erhitzen. ½ EL Öl erhitzen, die Schalotte darin glasig dünsten. Den Reis dazugeben und unter Rühren mitdünsten, bis er glasig ist. Mit Wein ablöschen und rühren, bis er verdampft ist. 1 kleine Kelle heiße Brühe dazugießen, verdampfen lassen und dabei gelegentlich umrühren. Wenn die Brühe verdampft ist, eine weitere Kelle Brühe dazugeben. Nach 10 Min. die Safranflüssigkeit unterrühren. Nach etwa 20 Min. ist der Reis weich mit einem bissfesten Kern. Wer es weicher mag, gibt etwas mehr Flüssigkeit dazu und lässt den Reis weitere 3–4 Min. garen. Zum Schluss den Hartkäse untermischen und den Risotto salzen und pfeffern.

3 Wenn der Reis die erste Portion Brühe bekommen hat, das restliche Öl erhitzen. Die Paprikaschoten darin kurz anbraten, dann bei kleiner Hitze in 10–12 Min. garen, dabei gelegentlich umrühren. Den Essig unterrühren. Die Paprikaschoten mit Salz, Pfeffer, Muskat und Chiliflakes würzen. Gehackte Petersilie unterheben. Den Risotto in die Mitte der Teller geben, die Peperonata außen herum anrichten und die restliche Petersilie darüberstreuen.

ofengebackene aubergine mit tomaten-couscous

SO LECKER SCHMECKT SOMMERGEMÜSE

Für 2 Personen
1 Knoblauchzehe
Salz
1 ½ EL Olivenöl
¼ TL Cayennepfeffer
1 große Aubergine (ca. 500 g)
300 g Kirschtomaten
1 TL Zucker
1 Schalotte
80 g Instant-Couscous
1 TL Ras el Hanout (s. S. 11)
2 TL Tomatenmark
125 ml Gemüsebrühe
(Rezept Seite 26)
2 Stiele glatte Petersilie
2 Stiele Minze
150 g Joghurt (1,5 % Fett)
Backpapier für das Backblech
Zubereitung: 40 Min.
Backen: 1 Std. 5 Min.
Pro Portion: ca. 320 kcal, 12 g EW, 9 g F, 45 g KH

1 Backofen auf 175° vorheizen. Ein Backblech mit Backpapier auslegen. Knoblauch schälen, fein hacken und mit ¼ TL Salz zerdrücken. 1 EL Öl mit Cayennepfeffer und dem Knoblauch-Salz verrühren.

2 Die Aubergine waschen, putzen, trocken reiben und längs halbieren. Das Fruchtfleisch mit einem scharfen Messer ca. 5 mm tief rautenförmig einritzen, auch entlang der Schale einschneiden. Die Schnittflächen mit der Öl-Mischung bestreichen. Die Tomaten waschen, trocken reiben und halbieren, dabei die Stielansätze entfernen. Die Schnittflächen mit etwas Salz und dem Zucker bestreuen.

3 Die Aubergine und Tomaten auf das Backblech legen und im Backofen (Umluft ist ungeeignet) ca. 1 Std. backen, bis die Auberginenhälften gegart und butterzart sind.

4 Die Schalotte schälen und fein würfeln. Den Couscous mit Ras el Hanout und ¼ TL Salz mischen. Das restliche Öl in einem Topf erhitzen, die Schalotte darin glasig dünsten. Das Tomatenmark dazugeben und unter Rühren mitrösten, bis es duftet.

5 Den Couscous dazugeben und kurz mitrösten, dann mit der Brühe ablöschen. Alles aufkochen, den Topf vom Herd nehmen und den Couscous zugedeckt in ca. 5 Min. ausquellen lassen. Inzwischen die Petersilie und Minze waschen und trocken tupfen. Die Petersilie hacken. Die kleinen Minzeblätter ganz lassen und beiseitelegen, den Rest fein hacken. Die gehackte Minze mit Petersilie, 1 Prise Salz und dem Joghurt verrühren.

6 Den Couscous mit einer Gabel auflockern. Ein paar gebackene Tomaten untermischen. Den Couscous neben den Auberginenhälften und den restlichen Tomaten anrichten und mit Minzeblättchen garnieren. Den Minzjoghurt extra dazu servieren.

BANDNUDELN MIT GEMÜSE

leichtes pesto

Je 30 g Petersilien- und Basilikumblätter grob hacken. 2 Knoblauchzehen schälen und hacken. Petersilie, Basilikum, Knoblauch, 20 g frisch geriebener Hartkäse, etwa 1 TL abgeriebene Schale von 1 Bio-Zitrone und 2 TL Zitronensaft in einen Mixer geben und fein pürieren. Teelöffelweise Gemüsebrühe dazugeben, bis die gewünschte Konsistenz erreicht ist. Zum Schluss 1 EL Olivenöl untermixen. Das Pesto mit Salz und Pfeffer würzen.

TOMATEN-HUMMUS MIT OFENKARTOFFELN

bandnudeln mit gemüse

IN WÜRZIGER PESTOBRÜHE

Für 2 Personen
150 g Erbsen (frisch gepalt oder tiefgekühlt)
Salz
150 g dicke Bohnen (frisch gepalt oder tiefgekühlt)
100 g Blattspinat | 1 Schalotte | 1 Knoblauchzehe
4 Stiele glatte Petersilie
100 g Bandnudeln (z. B. Spinatbandnudeln)
1 TL Olivenöl | 200 ml Gemüsebrühe
2 EL Pesto genovese (ca. 40 g)
schwarzer Pfeffer | frisch geriebene Muskatnuss
Zubereitung: 50 Min.
Pro Portion: ca. 400 kcal, 20 g EW, 10 g F, 58 g KH

1 Frische Erbsen in einem Dämpfeinsatz über Dampf in 4–5 Min. (TK-Erbsen nach Packungsangabe) garen, dann eiskalt abschrecken und abtropfen lassen. Die frischen dicken Bohnen ebenfalls über Dampf in 2–3 Min. (TK-Bohnenkerne nach Packungsangabe) garen, dann eiskalt abschrecken und abtropfen lassen. Die Bohnenkerne aus den Hülsen drücken. Spinat verlesen, putzen, gründlich waschen und abtropfen lassen. Schalotte und Knoblauch schälen und fein hacken. Die Petersilie waschen, trocken tupfen und die Blätter abzupfen.

2 Nudeln in kochendem Salzwasser nach Packungsangabe bissfest garen. Öl im Wok erhitzen, die Schalotte darin glasig dünsten. Knoblauch dazugeben und 30 Sek. mitdünsten, mit Brühe ablöschen. Aufkochen, Spinat dazugeben, zugedeckt in 1–2 Min. zusammenfallen lassen. Den Spinat an den Rand schieben. Das Pesto mit der Brühe verrühren und erhitzen. Erbsen und Bohnen dazugeben und kurz erwärmen. Die Nudeln abgießen, mit dem Gemüse mischen, mit Salz, Pfeffer und Muskat würzen und mit Petersilie bestreuen.

tomaten-hummus mit ofenkartoffeln

ORIENTALISCH MIT HARISSA UND CUMIN

Für 2 Personen
400 g junge, festkochende Kartoffeln
1 ½ TL Olivenöl | ¼–½ TL Schwarzkümmel
1 Dose Kichererbsen (250 g Abtropfgewicht)
1 Bio-Zitrone | 200 g Tomaten
2 EL Tomatenmark | 1 Knoblauchzehe
15 g getrocknete Tomaten (ohne Öl)
4 EL frisch geriebener Hartkäse (s. S. 10)
Salz | schwarzer Pfeffer aus der Mühle
1 TL Harissa | ½ TL gemahlener Cumin
Zubereitung: 45 Min.
Pro Portion: ca. 300 kcal, 14 g EW, 9 g F, 41 g KH

1 Ofen auf 220° vorheizen. Kartoffeln unter fließendem Wasser bürsten, längs halbieren und trocken tupfen. Ein Blech mit Alufolie auslegen, dünn mit ½ TL Öl bestreichen und mit Schwarzkümmel bestreuen. Kartoffeln mit der Schnittfläche darauflegen. Die obere Seite mit einem Messer mehrmals einritzen und mit übrigem Öl bestreichen. Im Ofen (Mitte, Umluft 200°) 20–25 Min. backen.

2 Kichererbsen in einem Sieb waschen und abtropfen lassen. Die Zitrone heiß waschen und abtrocknen, 1 TL Schale abreiben und den Saft auspressen. Die Tomaten waschen, von den Stielansätzen befreien, grob hacken und mit dem Zitronensaft pürieren. Die Hälfte der Kichererbsen dazugeben und fein pürieren. Den Rest mit Tomatenmark und Zitronenschale dazugeben und durchmixen.

3 Knoblauch schälen und fein hacken. Die getrockneten Tomaten ebenfalls fein hacken. Beides mit Käse unter den Hummus mischen. Mit Salz, Pfeffer, Harissa und Cumin würzen. Die Kartoffeln etwas salzen und mit dem Tomaten-Hummus anrichten.

tortillafladen mit spinatfüllung

ABSOLUT UNWIDERSTEHLICH

Für 2 Personen
2 Schalotten
1 Knoblauchzehe
1–2 Zweige Thymian
1 Bio-Limette
150 g Blattspinat
150 g braune Champignons
1 TL Olivenöl
Salz
schwarzer Pfeffer aus der Mühle
200 g Tofu (natur)
2–4 EL Sojamilch
1–2 TL Currypulver
2 Tortillafladen (à ca. 40 g)
½ TL Schwarzkümmel
½ TL Chiliflakes
Zubereitung: 1 Std.
Pro Portion: ca. 285 kcal, 17 g EW, 11 g F, 34 g KH

1 Schalotten und Knoblauch schälen und fein würfeln. Den Thymian waschen und trocken tupfen, die Blättchen abstreifen und hacken. Die Limette heiß waschen und abtrocknen, die Schale abreiben und den Saft auspressen. Den Spinat verlesen, putzen und gründlich waschen. Die Pilze putzen, abreiben und in ca. 1 cm dicke Scheiben schneiden.

2 Das Öl erhitzen, die Schalotten darin glasig dünsten. Den Knoblauch dazugeben und 30 Sek. mitdünsten. Den nassen Spinat dazugeben und zugedeckt in 1–2 Min. zusammenfallen lassen. Dann offen weitere 2 Min. dünsten, bis die Flüssigkeit verdampft ist. Den Spinat salzen und pfeffern. Die Pilze in einer beschichteten Pfanne bei starker Hitze ohne Fett braten, bis sie etwas bräunen und die ausgetretene Flüssigkeit verdampft ist. Die Pilze salzen und pfeffern, die Hälfte des Thymians untermischen.

3 Den Tofu und die Sojamilch mit dem Stabmixer pürieren. Den Tofu mit Salz, Pfeffer, Currypulver, Limettenschale und Limettensaft pikant würzen. Die Tortillafladen jeweils zur Hälfte mit dem Tofu bestreichen, mit dem übrigen Thymian, Schwarzkümmel und Chiliflakes bestreuen.

4 Den Spinat darauf verteilen und die Pilze darübergeben. Die Tortillas zu Halbkreisen zusammenklappen und in einer großen Pfanne ohne Fett von beiden Seiten leicht anrösten. Die Tortillafladen warm servieren.

CHAMPIGNON-PAPRIKA-GEMÜSE

mediterrane gemüse-frittata

GEMÜSEGENUSS IN ALLEN FARBEN

Für 2 Personen
je 300 g rote Paprikaschoten, Auberginen und Zucchini
3 Eier (Größe M)
50 ml Milch (1,5 % Fett)
40 g Frischkäse (16 % Fett)
3 EL frisch geriebener Hartkäse (s. S. 10)
Salz | schwarzer Pfeffer aus der Mühle
1 TL Kräuter der Provence
1 EL Olivenöl
2 Stiele Thymian
Zubereitung: 50 Min.
Pro Portion ca. 305 kcal, 21 g EW, 19 g F, 12 g KH

1 Die Paprikaschoten halbieren, putzen, waschen und die Paprikahälften in Streifen schneiden. Die Auberginen und Zucchini waschen, putzen und mit der Schale längs in 5–7 mm dicke Scheiben hobeln.

2 Die Eier mit Milch und Frischkäse verrühren. Den Käse unterheben. Die Eimischung mit Salz, Pfeffer und den Kräutern der Provence würzen.

3 Eine mittelgroße Pfanne erhitzen, mit einem Pinsel mit wenig Öl ausstreichen. Das Gemüse darin portionsweise anbraten, bis es leicht gebräunt und bissfest ist. Das Gemüse herausnehmen, salzen und pfeffern.

4 Das Gemüse wieder in die Pfanne geben. Dann die Eimischung darübergießen und die Temperatur sofort verringern. Alles zugedeckt bei sehr kleiner Hitze in ca. 10 Min. stocken lassen. Den Thymian waschen und trocken tupfen, die Blättchen grob hacken. Die Frittata damit bestreuen und sofort servieren.

champignon-paprika-gemüse

MIT MEDITERRANER WÜRZE

Für 2 Personen
400 g braune Champignons
500 g rote Paprikaschoten
1 Bund Frühlingszwiebeln | 1 Knoblauchzehe
15 g schwarze Oliven mit Stein (oder 10 g ohne Stein) | 40 g Schafskäse (45 %, Feta)
½ Bund glatte Petersilie | 1 EL Olivenöl
Salz | schwarzer Pfeffer aus der Mühle
1–2 TL Zitronensaft | 2 Tortillafladen (à ca. 40 g)
50 g Frischkäse (16 % Fett) | ½ TL Chiliflakes
Zubereitung: 55 Min.
Pro Portion: ca. 350 kcal, 19 g EW, 12 g F, 39 g KH

1 Die Pilze putzen, abreiben und in Scheiben schneiden. Paprikaschoten nach Belieben dünn schälen, halbieren, entkernen, waschen und ca. 2 cm groß würfeln. Die Frühlingszwiebeln putzen und waschen. Das Weiße schräg in ca. 2 cm große Stücke und das Grüne in schmale Ringe schneiden. Knoblauch schälen und fein hacken. Oliven entsteinen und grob hacken. Den Käse zerbröckeln. Die Petersilie waschen, trocken tupfen und hacken.

2 Einen Wok erhitzen, die Hälfte des Öls darin erhitzen. Das Weiße der Frühlingszwiebeln darin ca. 1 Min. anbraten. Paprikawürfel dazugeben und unter häufigem Rühren ca. 8 Min. anbraten, dann an den Rand schieben. Übriges Öl in die Mitte geben, Pilze dazugeben und unter Rühren 4–5 Min. anbraten. Knoblauch und Frühlingszwiebelgrün untermischen. Mit Salz, Pfeffer und Zitronensaft würzen. Käse auf dem Gemüse verteilen und zugedeckt bei mittlerer Hitze in 2–3 Min. erwärmen. Frischkäse mit Chiliflakes verrühren, auf die Fladen streichen. Gemüse daraufgeben, mit Petersilie und Oliven bestreuen.

sommergemüse
in pergamentpapier mit dip

HÜBSCH VERPACKTE ÜBERRASCHUNG

Für 2 Personen

250 g kleine festkochende Kartoffeln
120 g rote Zwiebeln
150 g Kirschtomaten
150 g feste braune Champignons
2–3 Stiele Thymian
200 g feste Zucchini
200 g Brokkoli (ersatzweise Blumenkohl oder Romanesco)
1 TL Olivenöl
Salz | schwarzer Pfeffer aus der Mühle
1 Knoblauchzehe
30 g schwarze Oliven mit Stein (oder 25 g ohne Stein)
1 TL Kapern
50 g Schafskäse (45 % Fett, Feta)
150 g Joghurt (1,5 % Fett)
Chiliflakes
2 Bögen Pergamentpapier (à ca. 30 x 60 cm) | Küchengarn

Zubereitung: 45 Min.
Backen: 40 Min.
Pro Portion: ca. 270 kcal, 15 g EW, 11 g F, 27 g KH

1 Den Backofen auf 200° vorheizen. Die Kartoffeln gründlich waschen, trocken tupfen und ungeschält in Spalten schneiden. Die Zwiebeln schälen und in Spalten schneiden. Die Tomaten waschen und ganz lassen. Die Pilze putzen, abreiben, die Stiele herausdrehen und die Hüte je nach Größe halbieren, vierteln oder ganz lassen.

2 Den Thymian waschen, trocken tupfen und in je 2–3 Stücke schneiden. Die Zucchini waschen, putzen und schräg in dicke Scheiben schneiden. Den Brokkoli waschen, putzen und in nicht zu kleine Röschen teilen (Zucchini und Brokkoli in größere Stücke schneiden als die anderen Zutaten, damit das Gemüse gleichmäßig gart).

3 Die Mitte der Pergamentpapierbögen dünn mit dem Öl bestreichen. Die Kartoffeln und das Gemüse mischen, die Mischung mit Salz und Pfeffer würzen und in die Mitte geben. Den Thymian darauf verteilen. Das Pergamentpapier über dem Gemüse locker zusammenfalten und seitlich mit Küchengarn oder Bindfaden verschließen. Die Päckchen auf ein Backblech legen und im Backofen (Mitte, Umluft 180°) ca. 40 Min. garen.

4 Inzwischen für den Dip den Knoblauch schälen und fein hacken. Oliven entsteinen und fein hacken. Die Kapern abbrausen, trocken tupfen und ebenfalls fein hacken. Den Käse fein zerkrümeln und mit dem Joghurt pürieren. Den Knoblauch und die Oliven unter den Käse mischen. Den Dip mit Pfeffer und Chiliflakes würzen. Das Gemüse im Papier auf einem großen Teller servieren und den Dip extra dazu reichen.

variante Den Schafskäse zerkrümeln, auf dem Gemüse verteilen und, wie oben beschrieben, im Pergamentpapier mitbacken.

FLAMMKUCHEN MIT KIRSCHTOMATEN

flammkuchen mit kirschtomaten

FÜR DAS PERFEKTE SOMMERFEELING

Für 2 Personen
120 g Mehl | ¼ TL Salz
½ EL Olivenöl
6–8 Stiele Basilikum
125 g Magerquark | 1 TL Harissa
70 g Schafskäse (45 % Fett, Feta)
schwarzer Pfeffer aus der Mühle
250 g Kirschtomaten
Backpapier für das Backblech
Mehl zum Arbeiten
Zubereitung: 25 Min. | Backen: 12 Min.
Pro Portion: ca. 380 kcal, 22 g EW, 10 g F, 48 g KH

1 Mehl mit Salz, Öl und 3 EL Wasser mit den Händen zu einem Teig verkneten. Eventuell etwas mehr Wasser unterkneten, der Teig sollte nicht klebrig sein. Den Teig zugedeckt bis zur Verwendung kalt stellen.

2 Den Backofen auf 240° (220° Umluft) vorheizen. Ein Backblech mit Backpapier auslegen. Das Basilikum waschen und trocken tupfen, einige Blätter ganz lassen und den Rest hacken. Den Quark mit Harissa glatt rühren. Den Käse zerkrümeln und mit einer Gabel zerdrücken. Den Quark mit Käse und gehacktem Basilikum mischen und kräftig pfeffern. Die Tomaten waschen, trocken tupfen und halbieren, dabei die Stielansätze entfernen.

3 Den Teig zu 2 Kugeln formen und auf einer bemehlten Arbeitsfläche zu sehr dünnen, länglich-ovalen Fladen ausrollen. Die Fladen nebeneinander auf das Backblech legen und mit der Quarkmischung bestreichen. Die Tomaten mit der Schnittfläche nach oben darauflegen und leicht salzen. Im Backofen (Mitte) in ca. 12 Min. knusprig backen. Mit den Basilikumblättern garnieren und sofort servieren.

quarkklößchen mit Mangold

MILDE KLÖßCHEN TREFFEN WÜRZIGES GEMÜSE

Für 2 Personen
150 g Magerquark
200 g mehligkochende Kartoffeln
Salz | 1 Ei (Größe S)
20–25 g Mehl | 400 g Mangold
2 Schalotten | 1 Knoblauchzehe
4 Stiele glatte Petersilie | 1 EL Olivenöl
125 ml Gemüsebrühe (Rezept Seite 26)
100 ml Sojasahne | Pfeffer | 1–2 TL Zitronensaft
Zubereitung: 1 Std. 20 Min. | Abtropfen: 1 Std.
Pro Portion: ca. 350 kcal, 22 g EW, 16 g F, 29 g KH

1 Quark ca. 1 Std. abtropfen lassen. Kartoffeln waschen, in kochendem Salzwasser in ca. 20 Min. garen. Abgießen, pellen, heiß durch die Kartoffelpresse drücken, abkühlen lassen. Mit Quark, Ei und ¼ TL Salz verkneten. So viel Mehl unterkneten, bis der Teig geschmeidig ist. Zugedeckt ca. 30 Min. kalt stellen.

2 Mangold putzen und waschen. Weiße Stiele entfernen und klein schneiden, die Blätter in Stücke schneiden. Schalotten und Knoblauch schälen und würfeln. Petersilie waschen, trocken tupfen und hacken. Reichlich Salzwasser aufkochen. Den Teig zu tischtennisballgroßen Klößen formen. Die Klöße in siedendem Wasser 8–10 Min. ziehen lassen. Herausheben, abtropfen lassen und warm halten.

3 Öl erhitzen, Schalotten und Knoblauch darin glasig dünsten. Mangoldstiele zufügen und ca. 3 Min. mitdünsten. Mit Brühe ablöschen, alles offen 6–8 Min. köcheln lassen. Mangoldblätter dazugeben und zugedeckt in ca. 2 Min. zusammenfallen lassen. Sojasahne dazugießen und offen ca. 2 Min. köcheln lassen. Mit Salz, Pfeffer und Zitronensaft würzen. Klößchen mit Mangold und Petersilie anrichten.

sommersnacks

1 tomaten-chili-quark

TOLL AUF FLADENBROT UND IN WRAPS

Für 2 Personen | Zubereitung: 15 Min.
Pro Portion ca. 130 kcal, 20 g EW, 1 g F, 9 g KH
250 g Magerquark | 1 EL Tomatenmark | 1 TL Akazienhonig | 1 TL Sambal oelek | Salz | schwarzer Pfeffer | Worcestersauce | 20 g getrocknete Tomaten (ohne Öl) | 200 g aromatische Tomaten | 1 Stiel glatte Petersilie | 2 Stiele Basilikum

1 Den Quark mit dem Tomatenmark, Honig und Sambal oelek glatt rühren, mit Salz, Pfeffer und 1 Spritzer Worcestersauce würzen.

2 Die getrockneten Tomaten sehr fein hacken. Die frischen Tomaten waschen, halbieren und die Stielansätze entfernen. Die Tomatenhälften entkernen, hacken und leicht salzen. Petersilie und Basilikum waschen, trocken tupfen und hacken. Die Tomaten, Petersilie und Basilikum unter den Quark rühren.

2 paprika-tofu-dip

IDEAL ZU PELLKARTOFFELN

Für 2 Personen | Zubereitung: 20 Min.
Pro Portion: ca. 140 kcal, 10 g EW, 7 g F, 8 g KH
1 kleine rote Paprikaschote | 4 Stiele glatte Petersilie | 200 g Tofu (natur) | 75 g Ajvar (Paprikamus aus dem Glas) | Salz | schwarzer Pfeffer aus der Mühle | 1 TL edelsüßes Paprikapulver | ¼–½ TL Cayennepfeffer | 1 Spritzer Zitronensaft

1 Die Paprikaschote nach Belieben mit dem Sparschäler dünn schälen, halbieren, putzen und waschen. Die Hälfte in sehr kleine Würfel und den Rest in schmale Streifen schneiden. Die Petersilie waschen und trocken tupfen, einige Blätter ganz lassen und den Rest hacken.

2 Den Tofu mit Küchenpapier trocken tupfen, zerbröckeln, mit Ajvar mischen und mit dem Stabmixer fein pürieren. Den Dip mit Salz, Pfeffer, Paprikapulver, Cayennepfeffer und Zitronensaft pikant würzen.

3 Die gehackte Petersilie und die Paprikawürfel unterheben. Den Dip mit den Paprikastreifen anrichten und mit den Petersilienblättern bestreuen.

3 beerensmoothie

FRUCHTIGER MUNTERMACHER

Für 2 Gläser
Zubereitung: 15 Min. | Tiefgefrieren: 3–4 Std.
Pro Glas: ca. 110 kcal, 1 g EW, 1 g F, 25 g KH
1 kleine Banane (ca. 70 g Fruchtfleisch) | 250 g Beerenmischung (z. B. Johannisbeeren, Himbeeren, Erdbeeren, Blaubeeren oder eine TK-Beerenmischung) | 2 Stiele Minze | 100 ml Apfelsaft | 150 ml Mineralwasser | 1 TL Limettensaft

1 Die Banane schälen und in Scheiben schneiden. Beeren verlesen, abbrausen und abtropfen lassen. Die Früchte mischen und 3–4 Std. in das Tiefkühlfach stellen (TK-Beeren unaufgetaut verwenden).

2 Die Minze waschen und trocken tupfen. Das unaufgetaute Obst mit Apfelsaft und Mineralwasser in einen Mixer geben und fein pürieren. Mit Limettensaft abschmecken. Den Smoothie in 2 Gläser füllen, mit der Minze garnieren und kalt servieren.

3
1
2

HERBST

Die Natur schüttet noch einmal ihr Füllhorn aus: prachtvolle Kürbisse, nach Wald duftende Pilze, zarte Rote Beten, knackiger Kohl und frisch geerntete Äpfel, Birnen, Pflaumen und Quitten aus dem eigenen Garten oder vom Wochenmarkt. Aus dieser Üppigkeit lassen sich köstliche Herbstgerichte kreieren, die nicht nur satt, sondern auch schlank machen.

rote-bete-ananas-salat

FRUCHTIG-WÜRZIG DURCH ANANAS UND INGWER

Für 2 Personen
300 g Rote Bete (vakuumverpackt)
10 g frischer Ingwer
4 EL Apfelbalsamessig
Meersalz
Vanille-Pfeffer (s. S. 11)
1 EL geröstetes Haselnussöl
¼ frische Ananas (ca. 200 g Fruchtfleisch)
½ Granatapfel
½ Beet Gartenkresse
Zubereitung: 30 Min.
Pro Portion: ca. 170 kcal, 3 g EW, 6 g F, 27 g KH

1 Die Rote Bete in dünne Scheiben schneiden oder hobeln. Ingwer schälen und sehr fein reiben.

2 Für das Dressing den Essig mit dem Ingwer, Salz und Pfeffer verrühren. Das Öl mit einem Schneebesen unter den Essig schlagen. Das Dressing mit der Roten Bete mischen.

3 Die Ananas schälen, die dunklen Augen und den Strunk entfernen. Das Fruchtfleisch in dünne ca. 2 x 4 cm große Scheiben schneiden.

4 Den Granatapfel mit einem spitzen Messer quer einritzen, dann die Hälften aufbrechen (s. S. 81). Die Kerne herauslösen und mit den Ananasscheiben unter die Roten Beten mischen.

5 Den Salat auf Tellern anrichten. Die Kresse vom Beet schneiden, in einem Sieb waschen, trocken tupfen und über den Salat streuen.

eichblattsalat mit austernpilzen

ABGERUNDET MIT FEINEM BIRNENDRESSING

Für 2 Personen
1 kleiner Kopf Eichblattsalat (ca. 200 g)
250 g Austernpilze
3 Stiele Thymian
1 kleine reife Birne (z. B. Williams Christ, ca. 150 g)
2 TL Sherryessig
1 TL Dijonsenf
2 TL Ahornsirup
Meersalz | Vanille-Pfeffer (s. S. 11)
1 EL geröstetes Haselnussöl | 1 EL Olivenöl
Zubereitung: 35 Min.
Pro Portion ca. 150 kcal, 4 g EW, 11 g F, 9 g KH

1 Den Salat putzen, in mundgerechte Stücke zerpflücken, waschen, trocken schleudern und auf zwei Teller verteilen. Die Pilze putzen, die dicken Stielansätze abschneiden, die Pilze in 2–3 cm große Stücke schneiden. Den Thymian waschen und trocken tupfen, die Blättchen abstreifen und grob hacken.

2 Die Birne schälen, vierteln, entkernen und in grobe Stücke schneiden. Mit 1 TL Essig, Senf und Ahornsirup mit dem Stabmixer fein pürieren. Das Dressing salzen und pfeffern und je nach Süße der Birne noch etwas Essig dazugeben. Das Nussöl unterschlagen.

3 Das Olivenöl in einer Pfanne erhitzen, die Pilze darin unter Rühren 4–5 Min. braten, bis sie leicht gebräunt und weich sind. Die Pilze salzen, pfeffern und mit der Hälfte des Thymians mischen. Das Dressing auf dem Salat verteilen. Die Austernpilze daraufgeben und mit dem restlichen Thymian bestreuen. Dazu passt geröstetes Sauerteigbrot.

EICHBLATTSALAT MIT AUSTERNPILZEN

granatapfel öffnen

So geht es ohne hartnäckige Flecken: Den Granatapfel quer (entlang des Äquators) mit einem spitzen Messer einritzen, dann die Hälften auseinanderbrechen. Die Granatapfelhälften so umstülpen, dass das Innere nach außen gedrückt wird. So lassen sich die Kerne mit einem Löffel herauslösen. Die bitteren Häutchen dabei entfernen. In Frischhaltefolie gewickelt hält sich ein geöffneter Granatapfel im Kühlschrank ca. 1 Woche.

ROTE-BETE-ANANAS-SALAT

KÜRBIS-ZITRONEN-SALAT

blattsalate mit pflaumen

RAFFINIERT MIT QUITTEN-ZIMT-VINAIGRETTE

Für 2 Personen

200 g gemischte Blattsalate (z. B. Lollo rosso, Mangoldblätter, Feldsalat, Radicchio)
250 g rote Pflaumen
20 g Walnusskerne
20 g Quittengelee
2 TL Dijonsenf
3 EL Orangensaft
1 TL Sherryessig
1 TL Walnussöl
Salz | schwarzer Pfeffer aus der Mühle
¼ TL Zimtpulver
1 Msp. Cayennepfeffer
1 TL Olivenöl | ½ TL Zucker
30 g Bergkäse

Zubereitung: 25 Min.
Pro Portion: ca. 280 kcal, 8 g EW, 16 g F, 21 g KH

1 Die Salate putzen, in mundgerechte Stücke zerpflücken, waschen und trocken schleudern. Die Pflaumen waschen, trocken reiben, halbieren, entsteinen und in Spalten schneiden. Walnusskerne grob hacken.

2 Für das Dressing Gelee, Senf, Orangensaft, Essig und Walnussöl mit einem Schneebesen verrühren, bis eine homogene Masse entsteht. Mit Salz, Pfeffer, Zimtpulver und Cayennepfeffer würzen.

3 Olivenöl in einer Pfanne erhitzen, die Pflaumen darin 2–3 Min. andünsten, mit Zucker bestreuen und unter Rühren leicht karamellisieren lassen.

4 Die Salate auf zwei Tellern anrichten und mit der Vinaigrette beträufeln. Die Pflaumen daraufgeben und mit den Walnüssen bestreuen. Den Bergkäse mit einem Sparschäler in Spänen darüberhobeln.

kürbis-zitronen-salat

SCHÖN WÜRZIG DURCH DAS DRESSING

Für 2 Personen

ca. 700 g Hokkaido-Kürbis (ca. 500 g Fruchtfleisch)
2 Bio-Zitronen
1 grüne Chilischote
4 Stiele glatte Petersilie
Meersalz | grüner Pfeffer aus der Mühle
100 g Schafskäse (45 % Fett, Feta)
150 g Joghurt (1,5 % Fett)
1 EL Kürbiskerne (nach Belieben)

Zubereitung: 35 Min.
Pro Portion: ca. 260 kcal, 15 g EW, 13 g F, 16 g KH

1 Den Backofen auf 220° (Umluft 200°) vorheizen. Den Kürbis waschen, halbieren, entkernen und das Fruchtfleisch mit einem Sparschäler in Streifen abziehen. Oder einen Gemüsehobel nehmen. Das Ofengitter mit Alufolie abdecken, die Kürbisstreifen locker darauf verteilen und im Backofen (Mitte) 8–10 Min. backen, dabei einmal wenden.

2 1 Zitrone heiß waschen, abtrocknen und die Schale abreiben. Beide Zitronen so schälen, dass das Weiße entfernt wird. Das Fruchtfleisch in hauchdünne Scheibchen schneiden, dabei entkernen. Die Chilischote längs halbieren, entkernen, waschen und fein würfeln. Die Petersilie waschen, trocken tupfen und die Blätter abzupfen.

3 Die Kürbisstreifen mit den Zitronenscheiben mischen, auf einer Platte anrichten, salzen und pfeffern. Die Petersilienblätter darüberstreuen. Für das Dressing den Käse zerbröckeln, mit dem Joghurt glatt pürieren und pfeffern. Die Chiliwürfel untermischen. Das Dressing über den lauwarmen Kürbissalat träufeln oder extra dazu servieren. Nach Belieben die Kürbiskerne hacken, mit Zitronenschale darüberstreuen.

belugalinsensalat mit staudensellerie und tofu

MACHT SATT UND IST IDEAL ZUM MITNEHMEN

Für 2 Personen

1 kleine Bio-Orange
2–3 Stiele glatte Petersilie
200 g Tofu (natur)
1 TL Akazienhonig
¼ TL Zimtpulver
Salz
grüner Pfeffer aus der Mühle
2 TL frisch geriebener Meerrettich (oder aus dem Glas)
80 g Belugalinsen
1 Schalotte
1 Gewürznelke
1 Lorbeerblatt
ca. 1 EL Aceto balsamico bianco (oder Apfelbalsamessig)
150 g Staudensellerie
1 Apfel (ca. 150 g)
1 TL Walnussöl

Zubereitung: 50 Min.
Marinieren: 2 Std.
Pro Portion: ca. 300 kcal, 19 g EW, 8 g F, 36 g KH

1 Die Orange heiß waschen und abtrocknen, die Schale abreiben und ca. 50 ml Saft auspressen. Die Petersilie waschen, trocken tupfen und fein hacken. Den Tofu quer in 4 Scheiben schneiden und zwischen Küchenpapier auspressen, dann den Tofu würfeln.

2 Für die Marinade den Orangensaft mit dem Honig, Zimtpulver, Salz und Pfeffer verrühren. Den Meerrettich, die Hälfte der Petersilie und den Tofu unter die Marinade mischen. Den Tofu zugedeckt mindestens 2 Std. im Kühlschrank marinieren, dabei gelegentlich umrühren.

3 Die Linsen waschen und abtropfen lassen. Die Schalotte schälen und mit der Nelke spicken. Linsen, Schalotte und Lorbeerblatt in einen Topf geben, mit kaltem Wasser gut bedecken und aufkochen, dann zugedeckt bei kleiner Hitze in ca. 25 Min. oder nach Packungsangabe garen. Die Linsen abgießen, salzen, mit dem Essig verrühren und abkühlen lassen.

4 Inzwischen den Staudensellerie putzen, waschen, entfädeln und in kleine Würfel schneiden. Den Apfel schälen, vierteln, entkernen und die Viertel ebenfalls würfeln oder in schmale Spalten schneiden.

5 Den Staudensellerie mit dem Apfel und den Linsen mischen. Den marinierten Tofu unterheben. Mit Salz, Pfeffer, eventuell mit etwas mehr Essig und dem Walnussöl würzen. Mit der restlichen Petersilie bestreuen.

FRUCHTIGER ROTE-BETE-SALAT

blattsalate mit feigen

SEHR EDEL MIT ZIEGENFRISCHKÄSE-DRESSING

Für 2 Personen

200 g gemischte Blattsalate (z. B. Feldsalat, Eichblattsalat, Rucola)
¼ Topf Basilikum
20 g Alfalfa-Sprossen
2–3 reife Feigen (ca. 200 g)
1 grüne Chilischote
½ TL grüne Pfefferkörner
100 g Ziegenfrischkäse
150 g Joghurt (1,5 % Fett) | 1 TL Akazienhonig
Salz | 2–3 TL Aceto balsamico bianco (oder Apfelbalsamessig) | Salz

Zubereitung: 30 Min.
Pro Portion: ca. 270 kcal, 14 g EW, 13 g F, 22 g KH

1 Die Blattsalate putzen, mundgerecht zerpfücken, waschen und trocken schleudern. Das Basilikum waschen und trocken tupfen, die Blätter abzupfen. Die Sprossen waschen und trocken tupfen. Die Feigen behutsam waschen, trocken tupfen und in Spalten schneiden. Die Chilischote längs halbieren, entkernen, waschen und sehr fein hacken. Den Pfeffer im Mörser grob zerstoßen.

2 Für das Dressing den Ziegenfrischkäse mit Joghurt und Honig glatt rühren. Mit Pfeffer, der Hälfte der Chilischote und etwas Salz würzen. So viel Essig dazugeben, bis der Geschmack ausgewogen süß-sauer-scharf ist.

3 Den Salat auf zwei Teller verteilen, die Sprossen und Feigen darauf anrichten. Das Dressing darüberlöffeln. Mit Basilikum und übrigen Chiliwürfeln bestreuen. Dazu passt ofenfrisches Baguette.

fruchtiger rote-bete-salat

ABGERUNDET MIT WALNUSS-VINAIGRETTE

Für 2 Personen

150 g Rote Bete
3 EL Apfelbalsamessig (oder Aceto balsamico bianco)
150 g Möhren
1 Apfel (ca. 175 g)
1 Sharonfrucht (ca. 150 g)
Salz
1 TL Akazienhonig
2 TL Dijonsenf
2 EL Walnussöl (oder geröstetes Haselnussöl)
schwarzer Pfeffer
½ Kästchen Gartenkresse

Zubereitung: 20 Min.
Marinieren: 10 Min.
Pro Portion: ca. 225 kcal, 3 g EW, 11 g F, 28 g KH

1 Die Rote Bete schälen (dabei Einweghandschuhe verwenden!) und auf einer Reibe grob raspeln, mit 1 EL Essig vermischen. Möhre putzen, schälen und mittelgrob raspeln. Den Apfel waschen, abtrocknen und mit der Schale ebenfalls raspeln. Die Sharonfrucht schälen, halbieren und die weichen inneren Fasern entfernen. Die Frucht ca. 1 cm groß würfeln. Mit Rote Bete, Möhren und Apfel mischen.

2 Für das Dressing den restlichen Essig mit Salz, Honig und Senf verrühren. Das Öl nach und nach unterschlagen. Mit Pfeffer kräftig würzen. Das Dressing unter den Salat mischen und mindestens 10 Min. durchziehen lassen.

3 Die Kresse vom Beet schneiden, in einem Sieb waschen und trocken tupfen. Die Kresse kurz vor dem Servieren über den Salat streuen.

kürbissuppe mit gremolata

SÜSSLICH, FRUCHTIG UND SCHÖN SCHARF

Für 2 Personen
ca. 400 g Muskatkürbis (ca. 250 g Fruchtfleisch)
1 kleine Zwiebel
150 g mehligkochende Kartoffeln
1 TL Olivenöl | ½ TL Puderzucker
150 ml Apfelsaft
150 ml Rote-Bete-Saft
350 ml Gemüsebrühe (Rezept Seite 26)
1 Bio-Zitrone | 20 g Kürbiskerne
½ Bund glatte Petersilie | ½ TL Chiliflakes
Salz | schwarzer Pfeffer aus der Mühle
Cayennepfeffer | 75 g Joghurt (3,5 % Fett)
Zubereitung: 50 Min.
Pro Portion: ca. 250 kcal, 8 g EW, 9 g F, 35 g KH

1 Kürbis schälen, entkernen und in 3–4 cm große Stücke schneiden. Zwiebel schälen und würfeln. Kartoffeln schälen, waschen und in 1–2 cm große Würfel schneiden. Öl erhitzen, Zwiebel darin glasig dünsten, mit Puderzucker bestäuben und leicht karamellisieren lassen. Kürbis dazugeben und unter Rühren ca. 2 Min. anbraten. Mit beiden Säften und Brühe ablöschen und alles aufkochen. Die Kartoffeln dazugeben und zugedeckt in ca. 20 Min. weich garen.

2 Zitrone heiß waschen und abtrocknen, die Schale abreiben und 1–2 TL Saft auspressen. Kürbiskerne klein hacken. Petersilie waschen, trocken tupfen und fein hacken. Für das Topping Kürbiskerne und Petersilie mit der Zitronenschale (bis auf 1 TL), Chiliflakes und Salz verrühren.

3 Die Suppe fein pürieren. Mit Salz, Pfeffer, Cayennepfeffer, Zitronensaft und 1 TL -schale würzen. Die Suppe in Schalen füllen, mit jeweils ein paar Klecksen Joghurt und dem Topping garnieren.

möhrensuppe mit gemüse

CREMIG UND MIT KNACKIGEM GEMÜSE

Für 2 Personen
400 g Möhren | 15 g frischer Ingwer
200–250 ml Gemüsebrühe (Rezept Seite 26)
10 g Mandelblättchen
½ Bund glatte Petersilie
1 Bio-Zitrone
3–4 EL frisch geriebener Hartkäse (s. S. 10)
Salz | schwarzer Pfeffer aus der Mühle
2 EL Sojasahne | 1 TL Rapsöl
Zubereitung: 45 Min.
Pro Portion: ca. 165 kcal, 7 g EW, 10 g F, 12 g KH

1 Möhren putzen und schälen. 300 g Möhren in Stücke schneiden. Ingwer schälen und fein reiben. Möhren, Brühe und Ingwer in einem Topf aufkochen und die Möhren zugedeckt in ca. 20 Min. weich garen.

2 Die Mandeln in einer Pfanne ohne Fett goldgelb rösten, dann abkühlen lassen und hacken. Die Petersilie waschen, trocken tupfen und hacken. Zitrone heiß waschen und abtrocknen, 1 TL Schale abreiben und 2 TL Saft auspressen. Mandeln, Petersilie (ca. 15 g), 1 TL Zitronensaft, Zitronenschale und Käse im Blitzhacker zu einem eher trockenen Pesto verarbeiten, dann die Mischung nach Geschmack mit Salz und Pfeffer abschmecken.

3 Die Suppe vom Herd nehmen, die Sojasahne dazugeben und mit dem Stabmixer pürieren. Mit Salz, Pfeffer und 1 TL Zitronensaft würzen. Für die Gemüsenudeln die übrige Möhre in sehr dünne, lange Streifen schneiden. Das Öl in einer kleinen Pfanne erhitzen, die Möhrenstreifen unter Rühren darin 1–2 Min. braten, sodass sie heiß und noch knackig sind. Die Suppe anrichten, in die Mitte die Gemüsenudeln geben und mit Pesto garnieren.

MÖHRENSUPPE MIT GEMÜSE

cremige lauchsuppe mit ingwer

NUSSIG-PIKANT DURCH KÜRBISKERN-TOPPING

Für 2 Personen
ca. 400 g Lauch
10 g frischer Ingwer
200 g mehligkochende Kartoffeln
1 ½ EL Olivenöl
300 ml Gemüsebrühe
(Rezept Seite 26)
1 kleine Birne (ca. 150 g)
15 g Kürbiskerne
250 ml Milch (1,5 % Fett)
1–2 TL Zitronensaft
Kräutersalz
grüner Pfeffer aus der Mühle
frisch geriebene Muskatnuss
Cayennepfeffer
Zubereitung: 1 Std.
Pro Portion: ca. 280 kcal, 11 g EW, 13 g F, 28 g KH

1 Den Lauch putzen und gründlich waschen. Das Weiße in ca. 2 cm dicke Scheiben schneiden. Von dem grünen Teil nur das frische, feste Innere verwenden und separat in feine Ringe schneiden (insgesamt ca. 250 g). Den Ingwer schälen und fein reiben. Die Kartoffeln schälen, waschen und in 1–2 cm große Stücke schneiden.

2 1 EL Öl in einem Topf erhitzen, die weißen Lauchscheiben darin unter Rühren 4–5 Min. andünsten, ohne dass sie Farbe annehmen. Ingwer dazugeben und kurz mitdünsten, mit der Brühe ablöschen und aufkochen. Die Kartoffeln dazugeben und zugedeckt in ca. 20 Min. weich garen. Inzwischen die Birne schälen, vierteln und entkernen. Die Viertel zuerst in Spalten, dann quer in Scheibchen schneiden. Die Hälfte zur Suppe geben und den Rest beiseitestellen. Die Kürbiskerne fein hacken.

3 Die Suppe vom Herd nehmen und unter Zugabe der Milch mit dem Stabmixer fein pürieren. Mit dem Zitronensaft, Salz, Pfeffer, Muskat und Cayennepfeffer würzen. Die Suppe erhitzen, aber nicht mehr kochen lassen.

4 Für das Topping das restliche Öl in einer Pfanne erhitzen, die übrigen Birnenstücke darin unter Rühren 2–3 Min. anbraten. Die grünen Lauchringe dazugeben und 1–2 Min. mitbraten, die Kürbiskerne untermischen und mit etwas Salz würzen. Die Suppe in vorgewärmten tiefen Tellern anrichten und das Topping darüberlöffeln.

hirseauflauf mit möhren

SCHÖN DEFTIG UND DABEI GANZ LEICHT

Für 2 Personen
70 g Hirse
150 ml Gemüsebrühe (Rezept Seite 26)
1 Zwiebel | 250 g Möhren
100 g Pastinaken | 1 EL Olivenöl
1–2 TL Currypulver | Salz | schwarzer Pfeffer
1 Ei (Größe L) | 125 g Magerquark
40 g Romadur Käse (20 % Fett i. Tr.)
Zubereitung: 45 Min. | Backen: 30–35 Min.
Pro Portion: ca. 360 kcal, 23 g EW, 12 g F, 38 g KH

1 Die Hirse in einem Sieb waschen und abtropfen lassen. Mit der Brühe in einem Topf aufkochen, dann zugedeckt ca. 5 Min. köcheln lassen. Herdplatte ausschalten und die Hirse in 10–15 Min. (oder nach Packungsangabe) ausquellen lassen.

2 Zwiebel schälen und fein würfeln. Möhren und Pastinaken schälen und grob raspeln. ½ EL Öl erhitzen, die Zwiebel darin glasig dünsten, Currypulver darüberstreuen und untermischen. Gemüse dazugeben und unter Rühren 2–3 Min. mitdünsten. Gemüse in eine Schüssel geben, salzen und pfeffern.

3 Ofen auf 200° vorheizen. Das Ei trennen. Eigelb mit Quark verrühren, die Hirse und das Gemüse untermischen. Die Mischung mit Salz und Pfeffer würzen. Das Eiweiß steif schlagen und unterheben.

4 Eine ofenfeste Form (ca. 16 x 24 cm) mit dem restlichen Öl einpinseln, die Masse hineinfüllen und glatt streichen. Im Ofen (Mitte, Umluft 180°) ca. 25 Min. backen. Den Käse in Scheiben schneiden und auf dem Auflauf verteilen, den Auflauf weitere 6–7 Min. backen, bis der Käse zerlaufen ist. Heiß servieren. Dazu passt Tomatensalat.

kürbis-quitten-gratin

EIN KLASSIKER GANZ NEU VARIIERT

Für 2 Personen
200 g festkochende Kartoffeln
ca. 500 g Muskatkürbis (oder Hokkaido-Kürbis, ca. 300 g Fruchtfleisch)
1 kleine Quitte (ca. 200 g)
1 TL Olivenöl | 2 Eier (Größe M)
1 EL Dijonsenf
50 g Frischkäse (16 % Fett)
200 ml Milch (1,5 % Fett)
1 Msp. Zimtpulver
frisch geriebene Muskatnuss
schwarzer Pfeffer aus der Mühle
Cayennepfeffer | Salz
Zubereitung: 30 Min. | Backen: 40–45 Min.
Pro Portion: ca. 320 kcal, 17 g EW, 13 g F, 32 g KH

1 Den Backofen auf 200° vorheizen. Kartoffeln schälen, waschen und in dünne Scheiben hobeln. Den Kürbis schälen (entfällt bei Hokkaido), von Fasern und Kernen befreien und in dünne Scheiben schneiden oder hobeln. Die Quitte trocken abreiben, dabei den Flaum entfernen. Die Quitte waschen, abtrocknen und grob raspeln.

2 Den Backofen auf 200° vorheizen. Eine ofenfeste Form (ca. 16 x 24 cm) mit dem Öl einpinseln. Das Gemüse einschichten, zuerst eine Lage Kürbis, darauf die Quittenraspel, dann die Kartoffelscheiben schichten. Die letzte Schicht sollte Kürbis sein.

3 Die Eier mit Senf, Frischkäse und Milch verrühren, mit Zimtpulver, Muskat, Pfeffer, Cayennepfeffer und Salz kräftig würzen und über das Gemüse gießen. Das Gratin im Backofen (Mitte, Umluft 180°) 40–45 Min. backen. Wird das Gratin zu früh braun, die Form mit Alufolie abdecken.

HIRSEAUFLAUF MIT MÖHREN

wirsingrouladen mit röstifüllung

MIT FEINER ZITRONEN-KAPERN-SAUCE

Für 2 Personen
1 kleiner Kopf Wirsing
Salz
1 Zwiebel
100 g Möhren
4 kleine Kartoffeln (ca. 300 g)
4 Stiele glatte Petersilie
3 TL Olivenöl
30 g frisch geriebener Hartkäse (s. S. 10)
80 g Frischkäse (16 % Fett)
schwarzer Pfeffer aus der Mühle
frisch geriebene Muskatnuss
1 TL edelsüßes Paprikapulver
400 ml Gemüsefond (aus dem Glas)
1 Bio-Zitrone
2 TL Kapern

Zubereitung: 1 Std. 10 Min.
Pro Portion: ca. 300 kcal, 16 g EW, 14 g F, 27 g KH

1 Den Wirsing von den äußeren Blättern befreien. Je nach Größe 4–6 Blätter (ca. 200 g) ablösen, waschen und die dicke Mittelrippe flach schneiden. In einem großen Topf Wasser aufkochen und salzen. Die Wirsingblätter darin ca. 4 Min. blanchieren. Herausnehmen, eiskalt abschrecken, auf einem Küchentuch ausbreiten und trocken tupfen.

2 Für die Füllung die Zwiebel schälen und fein würfeln. Die Möhren und 3 Kartoffeln schälen und grob raspeln. Die Petersilie waschen, trocken tupfen und hacken. 1 ½ TL Öl erhitzen, die Zwiebel darin glasig dünsten. Kartoffel- und Möhrenraspel dazugeben und unter Rühren 4–5 Min. mit andünsten. Die Mischung in eine Schüssel geben, mit Käse, der Hälfte des Frischkäses und drei Viertel der Petersilie verrühren. Mit Salz, Pfeffer, Muskat und Paprikapulver kräftig würzen.

3 Die Füllung in 4–6 Portionen teilen. Auf jedes Wirsingblatt eine Portion Füllung setzen, die Blätter von rechts und links nach innen klappen, dann vom dickeren Ende her aufrollen. Das übrige Öl in einer beschichteten Schmorpfanne erhitzen, die Rouladen darin rundherum anbraten, 300 ml Fond angießen. Alles aufkochen und die Rouladen zugedeckt in 20–25 Min. garen. Eventuell etwas Wasser nachgießen.

4 Inzwischen die übrige Kartoffel schälen, sehr fein raspeln, mit dem restlichen Fond aufkochen und zugedeckt ca. 10 Min. köcheln lassen. Die Zitrone heiß waschen und abtrocknen, 1 TL Schale abreiben und 2–3 TL Saft auspressen. Die Kapern in einem Sieb gründlich waschen, trocken tupfen und hacken.

5 Die Rouladen aus der Pfanne nehmen und warm halten. Die Kartoffelbrühe mit dem restlichen Frischkäse verrühren, eventuell noch etwas Flüssigkeit zugeben. Mit Zitronensaft, Salz und Pfeffer würzen. Zitronenschale und Kapern untermischen. Die Rouladen mit der Sauce anrichten und mit der restlichen Petersilie bestreuen.

grünkern-gemüse-risotto

GEKRÖNT VON EINER HASELNUSS-GREMOLATA

Für 2 Personen
1 Zwiebel | 120 g Grünkern | 1 EL Olivenöl
ca. 400 ml Gemüsebrühe (Rezept Seite 26)
100 g Knollensellerie | 100 g Möhren
2 Stangen Staudensellerie | 1 Bio-Zitrone
4 Stiele glatte Petersilie | 10 g Haselnusskerne
1 kleine Knoblauchzehe
Salz | schwarzer Pfeffer aus der Mühle
1–2 TL Ras el Hanout (oder Paprika-, Zimtpulver)
100 g Joghurt (1,5 % Fett)
Zubereitung: 1 Std. 5 Min.
Pro Portion ca. 330 kcal, 11 g EW, 11 g F, 47 g KH

1 Zwiebel schälen und würfeln. Grünkern waschen und abtropfen lassen. Öl erhitzen, die Zwiebel darin glasig dünsten. Grünkern dazugeben, unter Rühren 3–4 Min. mit andünsten. Mit 300 ml Brühe ablöschen, alles aufkochen und zugedeckt 35–40 Min. köcheln lassen. Falls nötig, etwas Brühe dazugießen.

2 Knollensellerie und Möhren putzen und schälen. Den Staudensellerie waschen, putzen und entfädeln. Gemüse sehr klein würfeln und beiseitestellen. Zitrone heiß waschen und abtrocknen, 1 TL Schale abreiben und 2 TL Saft auspressen. Die Petersilie waschen, trocken tupfen und hacken. Die Haselnusskerne fein hacken. Den Knoblauch schälen und fein hacken. Für die Gremolata die Petersilie, Zitronenschale, Nüsse und den Knoblauch mischen, salzen, pfeffern und mit 1 TL Zitronensaft abschmecken.

3 Gemüse unter den Grünkern mischen, zugedeckt in 5–7 Min. bissfest garen. Joghurt mit 1 TL Zitronensaft, Salz und Pfeffer verrühren. Risotto mit Salz, Pfeffer und Ras el Hanout würzen. Mit Joghurt und Gremolata anrichten.

pilzpfanne mit maronen

UND FEIN-WÜRZIGEM SELLERIEPÜREE

Für 2 Personen
100 g mehligkochende Kartoffeln
400 g Knollensellerie | Salz | 150 g Zwiebeln
150 g Austernpilze | 250 g braune Champignons
100 g vorgegarte Maronen (vakuumverpackt)
4–5 Stiele glatte Petersilie
1 EL Olivenöl | Vanille-Pfeffer (s. S. 11)
1–2 TL Zitronensaft | 3 EL Sojasahne
¼ TL Zimtpulver | 1 TL Walnussöl
Zubereitung: 55 Min.
Pro Portion: ca. 270 kcal, 11 g EW, 10 g F, 34 g KH

1 Kartoffeln schälen, waschen, würfeln und in einen Topf geben. Sellerie putzen, schälen, ca. 2 cm groß würfeln und zu den Kartoffeln geben. Beides mit Wasser bedecken, salzen, zugedeckt aufkochen und in ca. 20 Min. weich garen. Zwiebeln schälen, halbieren und in Streifen schneiden. Pilze putzen und abreiben, die Stiele der Austernpilze abschneiden. Austernpilze in Stücke schneiden, Champignons halbieren oder ganz lassen. Maronen grob hacken. Petersilie waschen, trocken tupfen und hacken.

2 ½ EL Olivenöl erhitzen, die Zwiebeln darin glasig dünsten. Maronen dazugeben und unter Rühren ca. 2 Min. mitdünsten, an den Pfannenrand schieben. Übriges Olivenöl erhitzen, beide Pilzsorten unter Rühren 3–4 Min. anbraten, bis die Flüssigkeit verdunstet ist. Alles mischen, salzen und pfeffern. Pilze mit 1 TL Zitronensaft würzen und warm halten.

3 Sellerie und Kartoffeln abgießen, ausdampfen lassen und zerstampfen. Sojasahne unterziehen. Das Püree mit Salz, Pfeffer, Zimtpulver und 1 TL Zitronensaft würzen. Die Pilze und das Püree anrichten, mit Walnussöl beträufeln. Mit der Petersilie bestreuen.

PILZPFANNE MIT MARONEN

maronen schälen

Frische Maronen gründlich waschen und möglichst 1 Std. in Wasser einweichen. Den Backofen auf 200° vorheizen. Die Maronen oben kreuzweise einritzen, sodass auch die braune Innenhaut angeritzt wird. Die Maronen auf einem Backblech im Backofen ca. 15 Min. backen, dabei öfter wenden. Wenn sich die Spitzen der Schale nach außen biegen, die Maronen herausnehmen und kurz mit einem nassen Geschirrtuch bedecken. So lassen sie sich leichter schälen.

GRÜNKERN-GEMÜSE-RISOTTO

gebackene kürbisspalten mit gemüse-couscous

ORIENTALISCH GEWÜRZT MIT SAFRAN UND ZIMT

Für 2 Personen
ca. 600 g Hokkaido-Kürbis (ca. 450 g Fruchtfleisch)
1 Bio-Zitrone
¼ TL Zimtpulver
Salz
schwarzer Pfeffer aus der Mühle
100 ml Pilz- oder Gemüsebrühe (aus dem Glas)
1 Msp. Safranfäden
70 g Instant-Couscous
300 g Champignons
2 Stangen Staudensellerie
130 g Möhren
1 rote Zwiebel
4 Stiele glatte Petersilie
2 Stiele Thymian
1 EL Olivenöl
Zubereitung: 55 Min.
Pro Portion: ca. 280 kcal, 12 g EW, 6 g F, 43 g KH

1 Den Backofen auf 220° vorheizen. Den Kürbis waschen, trocken reiben, halbieren, die Fasern und Kerne entfernen. Die Kürbishälften mit Schale in 4–6 Spalten teilen. Die Zitrone heiß waschen und abtrocknen, die Schale abreiben und den Saft auspressen. Den Saft mit ½ TL Salz und ½ TL frisch gemahlenem Pfeffer verrühren.

2 Das Ofengitter mit Alufolie abdecken, die Kürbisspalten darauf verteilen und mit Zitronenmischung bestreichen. Im Ofen (Mitte, Umluft 200°) in ca. 20 Min. garen, bis sie weich, aber nicht matschig sind.

3 Inzwischen die Brühe erhitzen. Den Safran mit 1 Prise Salz im Mörser fein zerrreiben, mit der Brühe mischen. Den Couscous in eine Schüssel geben, mit der Safranbrühe verrühren und zugedeckt ca. 5 Min. ausquellen lassen, dann mit einer Gabel auflockern.

4 Die Pilze putzen, abreiben und vierteln. Den Staudensellerie waschen, putzen, entfädeln und in ca. 5 mm große Würfel schneiden. Die Möhren schälen und in ca. 3 mm dicke Stifte hobeln. Die Zwiebel schälen und in kleine Würfel schneiden. Petersilie und Thymian waschen und trocken tupfen, die Blätter separat hacken.

5 Das Öl in einer Pfanne erhitzen, die Zwiebel darin glasig dünsten. Den Sellerie dazugeben und unter Rühren ca. 2 Min. mitdünsten. Die Möhrenstifte dazugeben und unter Rühren ca. 3 Min. mitbraten. Alles an den Pfannenrand schieben, die Pilze dazugeben und 3–4 Min. braten. Den Couscous unterrühren und alles erhitzen. Den Thymian und die Hälfte der Zitronenschale untermischen. Den Couscous salzen und pfeffern. Die Kürbisspalten mit dem Couscous anrichten, mit Petersilie und restlicher Zitronenschale bestreuen.

grüne-linsen-bratlinge

SEHR KNACKIG DURCH GEMÜSE

Für 2 Personen
75 g grüne Berglinsen | 1 Lorbeerblatt
1 kleine Zwiebel
½ Bund Suppengrün (80 g Möhre, 40 g Knollensellerie, ½ Stange Lauch)
1 ½ EL Olivenöl | Salz | 1 Eigelb (Größe M)
30–40 g Vollkorn-Schmelzflocken (z. B. Dinkel und Hafer) | schwarzer Pfeffer
Cayennepfeffer | frisch geriebene Muskatnuss
Zubereitung: 1 Std.
Pro Portion: ca. 255 kcal, 15 g EW, 13 g F, 20 g KH

1 Die Linsen waschen und in einem Topf mit Wasser und Lorbeerblatt aufkochen, dann zugedeckt bei mittlerer Hitze in 25–30 Min. (oder nach Packungsangabe) garen. Inzwischen die Zwiebel schälen und fein würfeln. Das Suppengrün putzen und in sehr kleine Würfel schneiden. ½ EL Öl in einer Pfanne erhitzen, die Zwiebel darin glasig dünsten. Gemüse dazugeben und unter Rühren 5–6 Min. braten, dann in eine Schüssel geben und abkühlen lassen.

2 Linsen abgießen, salzen und abkühlen lassen. Mit Gemüse, Eigelb und Flocken verkneten und ca. 5 Min. quellen lassen. Masse mit Salz, Pfeffer, Cayennepfeffer und Muskat würzen. Daraus 4 oder 6 Bratlinge formen. Das restliche Öl in einer Pfanne erhitzen, die Bratlinge darin auf jeder Seite in ca. 3 Min. knusprig braten. Dazu passt Apfel-Wirsing-Gemüse (Rezept rechts).

tipp **Für einen Linsen-Burger eine Hälfte eines Roggenbrötchens mit Frischkäse und Senf, die andere mit Tomatenmark bestreichen. Mit Salatblättern, Tomatenscheiben und Bratling belegen und beide Hälften zusammenklappen.**

apfel-wirsing-gemüse

FRUCHTIG UND SCHÖN WÜRZIG

Für 2 Personen
200 g Wirsing
1 Schalotte
1 TL Olivenöl
ca. 100 ml Gemüsebrühe (Rezept Seite 26)
50 ml Apfelsaft
Salz
schwarzer Pfeffer aus der Mühle
¼ TL Schwarzkümmel
30 g Frischkäse (16 % Fett)
1 kleiner Apfel (ca. 150 g, z. B. Boskop)
4 Stiele glatte Petersilie
Zubereitung: 45 Min.
Pro Portion: ca. 110 kcal, 5 g EW, 4 g F, 13 g KH

1 Den Wirsing putzen und die dicken Blattrippen entfernen. Die Blätter in ca. 2 cm große Stücke schneiden. Die Schalotte schälen und fein würfeln. Das Öl in einem Topf erhitzen, die Schalotte darin glasig dünsten. Den Wirsing dazugeben und unter Rühren 2–3 Min anbraten, mit Brühe und Apfelsaft ablöschen. Den Kohl mit Salz, Pfeffer und Schwarzkümmel würzen und zugedeckt ca. 20 Min. dünsten. Wenn nötig, etwas Brühe dazugießen.

2 Den Kohl in ein Sieb abgießen, dabei die Flüssigkeit auffangen. Die Kochflüssigkeit mit dem Frischkäse verrühren und unter den Kohl rühren. Den Apfel waschen, abtrocknen, mit der Schale grob raspeln und unter den Wirsing mischen. Petersilie waschen, trocken tupfen, hacken und über den Kohl streuen.

tipp **Das Apfel-Wirsing-Gemüse mit Salzkartoffeln und einem wachsweichen Ei oder mit den Bratlingen (Rezept links) servieren.**

GRÜNE-LINSEN-BRATLINGE

SCHARFES LINSENCURRY

kürbisrisotto mit thymian

RAFFINIERT GEWÜRZT

Für 2 Personen
1 rote Zwiebel | 100 ml Sojadrink
300 ml Gemüsebrühe (Rezept Seite 26)
3 TL Olivenöl
120 g Risottoreis (z. B. Carnaroli)
2 EL trockener Sherry
½ kleiner Hokkaido-Kürbis (ca. 200 g Fruchtfleisch)
1 Bio-Zitrone | 2–3 Stiele Thymian
Salz | Vanille-Pfeffer (s. S. 11)
frisch gerieben Muskatnuss | Pimentpulver
¼ TL Chiliflakes (nach Belieben)
Zubereitung: 35 Min.
Pro Portion: ca. 340 kcal, 27 g EW, 9 g F, 56 g KH

1 Die Zwiebel schälen und fein würfeln. Sojadrink und Brühe aufkochen und heiß halten. Die Hälfte des Öls erhitzen, die Zwiebel darin glasig dünsten. Den Reis dazugeben und unter Rühren mitdünsten, bis er glasig ist, mit dem Sherry ablöschen. Sobald er verdampft ist, die Brühe kellenweise dazugießen und einkochen lassen, dabei den Reis regelmäßig umrühren. Wenn die Brühe verdampft ist, eine weitere Kelle Brühe dazugeben. Nach ca. 20 Min. ist der Reis weich.

2 Kürbis waschen, abtrocknen, Fasern und Kerne entfernen. Kürbis mit Schale ca. 1 cm groß würfeln. Die Zitrone heiß waschen und abtrocknen, 1 TL Schale abreiben und 2–3 TL Saft auspressen. Den Thymian waschen, trocken tupfen und die Blätter hacken.

3 Ca. 5 Min. bevor der Risotto fertig ist, das restliche Öl erhitzen. Den Kürbis darin ca. 3 Min. anbraten. Mit Salz, Pfeffer, Muskat, Pimentpulver, Zitronensaft und -schale würzen. Den Kürbis unter den Risotto heben. Den Risotto mit Thymian und nach Belieben mit Chiliflakes bestreuen.

scharfes linsencurry

MIT WÜRZ-ZWIEBEL-TOPPING

Für 2 Personen
4 kleine Zwiebeln (ca. 200 g)
200 g Möhren | 100 g Staudensellerie
1–2 rote Chilischoten | 10 g frischer Ingwer
100 g rote Linsen | 1 ½ EL Olivenöl
1 TL Currypulver (nach Geschmack)
ca. 300 ml Gemüsebrühe (Rezept Seite 26)
30 g feste Kokoscreme (im Block)
¼ TL braune Senfkörner | ½ TL Cuminsamen
100 ml Milch (1,5 % Fett) | Salz | Pfeffer
Zubereitung: 55 Min.
Pro Portion: ca. 390 kcal, 17 g EW, 21 g F, 34 g KH

1 Zwiebeln schälen. 1 Zwiebel fein würfeln, den Rest in Spalten schneiden. Möhren putzen, schälen, in ca. 5 mm dicke Stifte hobeln. Staudensellerie waschen, putzen, entfädeln und in Scheiben schneiden. Selleriegrün waschen, hacken. Die Chilischoten längs halbieren, entkernen, waschen und fein würfeln. Ingwer schälen und fein reiben. Linsen waschen.

2 ½ EL Öl in einem Wok erhitzen, gehackte Zwiebel darin glasig dünsten. Ingwer und Möhren dazugeben, unter Rühren ca. 3 Min. anbraten. Chili, Sellerie und Linsen zugeben, kurz mitdünsten. Nach Geschmack mit Currypulver bestäuben und untermischen, mit Brühe ablöschen. Alles aufkochen, zugedeckt ca. 10 Min. köcheln lassen.

3 Kokoscreme fein hacken. Übriges Öl erhitzen, Senfkörner und Cuminsamen darin unter Rühren anrösten. Zwiebeln dazugeben und unter Rühren braten, bis sie weich sind. Milch und Kokoscreme zu den Linsen geben, 2–3 Min. köcheln lassen, salzen und pfeffern. Linsen mit dem Topping anrichten und mit Selleriegrün bestreuen.

quarkomelett mit pilzen

KRÄUTERWÜRZIGER PILZGENUSS

Für 2 Personen
250 g Pilze (z. B. Maronen, Kräuterseitlinge, braune Champignons)
2 Stiele glatte Petersilie
2 Stiele Majoran
100 g Schalotten
2 Wacholderbeeren
3 Eier (Größe M)
Salz
100 g Magerquark
schwarzer Pfeffer aus der Mühle
1 EL Olivenöl
Zubereitung: 45 Min.
Pro Portion: ca. 240 kcal, 21 g EW, 14 g F, 7 g KH

1 Die Pilze putzen, abreiben und weiche Stellen abschneiden. Die Pilze in kleine Stücke schneiden. Petersilie und Majoran waschen, trocken tupfen und separat hacken. Die Schalotten schälen und in Viertel schneiden. Die Wacholderbeeren im Mörser zerstoßen.

2 Die Eier trennen. Die Eiweiße mit 1 Prise Salz steif schlagen. Die Eigelbe mit dem Quark in einer Schüssel glatt rühren, mit Salz und Pfeffer würzen. Den Eischnee unter den Quark ziehen.

3 ½ EL Öl in einer großen beschichteten Pfanne erhitzen, die Omelett-Masse hineingeben und glatt streichen. Das Omelett bei kleiner bis mittlerer Hitze stocken lassen.

4 Das restliche Öl in einer zweiten Pfanne erhitzen, die Schalotten darin unter Rühren glasig dünsten. An den Rand schieben, die Pilze hineingeben und unter Rühren braten, bis die ausgetretene Flüssigkeit wieder verdampft ist. Pilze mit Salz, Pfeffer, Wacholder und Majoran würzen und warm halten.

5 Das Omelett ist fertig, wenn es von der Unterseite mäßig gebräunt, nahezu gestockt und auf der Oberseite noch etwas feucht ist. Die Pilze auf einer Hälfte des Omeletts verteilen, die andere Hälfte mithilfe eines Pfannenwenders darüberklappen. Das Omelett halbieren, auf zwei Teller verteilen und mit der Petersilie bestreuen.

POTATO WEDGES MIT ZWEIERLEI DIPS

potato wedges mit zweierlei dips

FRISCH-SCHARF UND FRUCHTIG-WÜRZIG

Für 2 Personen
400 g kleine festkochende Kartoffeln
1 Apfel (ca. 150 g, z. B. Elstar)
150 g Magerquark
1 EL frisch geriebener Meerrettich (ca. 20 g)
Salz | grüner Pfeffer aus der Mühle
¼ Beet Gartenkresse
150 g vorgegarte Rote Bete (vakuumverpackt)
2 EL guter Aceto balsamico
2 Stiele Thymian | 1 Bio-Orange
Zubereitung: 55 Min.
Pro Portion: ca. 220 kcal, 14 g EW, 1 g F, 38 g KH

1 Den Backofen auf 220° vorheizen. Kartoffeln unter fließendem Wasser gründlich bürsten, längs halbieren und in Spalten teilen. Mit Küchenpapier trocken tupfen. Das Ofengitter mit Alufolie auslegen. Die Kartoffeln mit der Schnittfläche nach oben darauf verteilen und im Ofen (Mitte, Umluft 200°) in ca. 30 Min. goldgelb backen.

2 Apfel waschen, trocken reiben und mit der Schale grob raspeln. Den Apfel sofort mit Quark und Meerrettich verrühren. Den Quark salzen und pfeffern. Die Kresse vom Beet schneiden, in einem Sieb waschen, trocken tupfen und über den Dip streuen.

3 Die Rote Bete grob zerteilen und mit dem Essig fein pürieren. Das Püree salzen und pfeffern. Den Thymian waschen und trocken tupfen, einige Blätter ganz lassen, den Rest hacken. Orange heiß waschen, abtrocknen und 1 TL Schale abreiben, den Rest anderweitig verwenden. Orangenschale und gehackten Thymian unter den Dip mischen. Den Dip mit den Thymianblättchen bestreuen. Die Wedges salzen und heiß mit den Dips servieren.

pasta mit chili-linsen-bolognese

KLASSIKER AUF VEGETARISCHE ART

Für 2 Personen
1 Zwiebel | 120 g Möhren
70 g Staudensellerie | 1 rote Chilischote
1 TL Olivenöl | 40 g rote Linsen
200 ml Gemüsebrühe (Rezept Seite 26)
1 Dose stückige Tomaten (400 g Inhalt)
100 g Pasta (z. B. Farfalle, Fusilli) | Salz
3–4 Stiele glatte Petersilie
¼ TL Zimtpulver | frisch geriebene Muskatnuss
schwarzer Pfeffer | 1 EL Sojasahne
Zubereitung: 45 Min.
Pro Portion: ca. 330 kcal, 15 g EW, 5 g F, 56 g KH

1 Zwiebel schälen und klein würfeln. Möhren putzen, schälen und sehr klein würfeln. Staudensellerie waschen, putzen, entfädeln und ähnlich klein würfeln. Chilischote längs halbieren, entkernen, waschen und fein würfeln. Öl erhitzen, die Zwiebel darin glasig dünsten. Möhren, Sellerie und Chili dazugeben und unter Rühren ca. 3 Min. anbraten. Linsen waschen, dazugeben und kurz andünsten, mit Brühe und Tomaten ablöschen. Aufkochen und zugedeckt ca. 15 Min. köcheln lassen.

2 Die Nudeln in kochendem Salzwasser in ca. 10 Min. bissfest garen. Die Petersilie waschen, trocken tupfen und hacken. Linsen-Bolognese mit Zimt, Muskat, Salz und Pfeffer würzen. Die Sojasahne unterrühren. Linsen-Bolgonese mit Nudeln anrichten und mit Petersilie bestreuen.

variante Für Dal die doppelte Menge Linsen und etwas mehr Brühe verwenden. Die Garzeit um ca. 5 Min. verlängern, bis die Linsen fast breiig sind. Mit Cumin, Kurkuma, Ingwer und Chili würzen. Mit Joghurt und Koriandergrün anrichten.

herbstsnacks

1 möhren-ingwer-quark

GROSSARTIG AUF KÖRNERBROT

Für 2 Personen | Zubereitung: 15 Min.
Pro Portion: ca. 160 kcal, 19 g EW, 4 g F, 11 g KH
150 g Möhren | 5–10 g frischer Ingwer | 20 g Sprossen (z. B. Alfalfasprossen) | 10 g Walnusskerne | 250 g Magerquark | 2 TL Ahornsirup | Salz | schwarzer Pfeffer | Cayennepfeffer

1 Die Möhren putzen, schälen und fein raspeln. Den Ingwer schälen und sehr fein reiben. Die Sprossen waschen und trocken tupfen. Die Walnusskerne hacken.

2 Den Quark mit dem Ahornsirup verrühren, mit Salz, Pfeffer und Cayennepfeffer würzen. Die Möhren und den Ingwer unter den Quark mischen. Den Quark mit Sprossen und Nüssen bestreuen.

2 kakao-tofu-dip

IDEALER DIP FÜR SÜSSSCHNÄBEL

Für 2 Personen | Zubereitung: 10 Min.
Pro Portion: ca. 130 kcal, 10 g EW, 7 g F, 7 g KH
1 Bio-Orange | 200 g Seidentofu | 2–3 TL dunkles Kakaopulver (schwach entölt) | 1 EL Ahornsirup 1 Msp. Zimtpulver | frisch geriebene Muskatnuss

1 Die Orange heiß waschen und abtrocknen, 1 TL Schale fein abreiben und 2 EL Saft auspressen.

2 Den Tofu abtropfen lassen, dann mit Orangensaft, Orangenschale, Kakaopulver und Ahornsirup in einer Schüssel mit dem Schneebesen zu einem cremigen Dip verrühren. Mit Zimtpulver und Muskat würzen und nochmals umrühren. Dazu passen Apfel- und Birnenspalten. Auch fein mit Haferflocken als Müsli.

3 birnensmoothie

HERBSTFRUCHT ZUM TRINKEN

Für 2 Gläser | Zubereitung: 15 Min.
Pro Glas: ca. 110 kcal, 4 g EW, 2 g F, 17 g KH
2 reife Birnen (ca. 300 g, z. B. Williams Christ) 80 g vorgegarte Rote Bete (vakuumverpackt) | 100 ml Orangensaft | 50 g Frischkäse (16 % Fett) | 1–2 TL Limettensaft | Zimtpulver | 1 Msp. Ingwerpulver

1 Die Birnen schälen, vierteln, entkernen und grob würfeln. Die Rote Bete ebenfalls würfeln. Beides mit dem Orangensaft in einen hohen Rührbecher geben und mit dem Stabmixer fein pürieren.

2 Den Frischkäse dazugeben und alles nochmals durchmixen. Mit Limettensaft, 1 Msp. Zimt- und Ingwerpulver würzen. Den Drink in Gläser füllen und mit etwas Zimtpulver bestäuben.

3
1
2

WINTER

Das ist die Zeit des Kuschelns. Wir machen es uns drinnen gemütlich und genießen die Wärme. Nach einem langen Spaziergang durch den Schnee schmecken herzhafte Eintöpfe und deftige Suppen besonders gut. Es ist aber auch die Zeit des Feierns. Deshalb sind viele der leckeren Winterrezepte auch gästetauglich und gleichzeitig durch und durch leicht.

chicoréesalat mit grapefruit

MIT HONIG-INGWER-DRESSING

Für 2 Personen
1 Pink Grapefruit (ca. 250 g)
1 Orange (ca. 200 g)
1 Blutorange (ca. 200 g)
10 g frischer Ingwer
1 ½ EL Akazienhonig
Meersalz
grüner Pfeffer aus der Mühle
400 g Chicorée
2 EL Walnussöl
Zubereitung: 35 Min.
Pro Portion: ca. 260 kcal, 4 g EW, 11 g F, 35 g KH

1 Die Grapefruit und Orangen bis auf das Fruchtfleisch schälen. Die Fruchtfilets zwischen den Trennhäuten herausschneiden, dabei den austretenden Saft auffangen. Dann den Saft aus den Fruchthüllen auspressen (insgesamt ca. 100 ml Saft).

2 Den Ingwer schälen, dann in kleine Stücke schneiden und mit der Knoblauchpresse zerdrücken, sodass ca. 1 TL Ingwersaft austritt.

3 Für das Dressing den Zitrussaft, Ingwersaft und Honig aufkochen und offen bei mittlerer Hitze auf knapp die Hälfte einkochen. Den Zitrussaft lauwarm abkühlen lassen, salzen und pfeffern.

4 Inzwischen den Chicorée putzen, halbieren und den mittleren Strunk entfernen. Den Chicorée in Streifen schneiden, waschen und abtropfen lassen. Die Streifen mit den Grapefruit- und Orangenfilets mischen und auf Tellern anrichten. Das Öl unter den reduzierten Zitrussaft schlagen und das Dressing über dem Salat verteilen.

radicchiosalat mit clementinen

DER PERFEKTE WINTERSALAT

Für 2 Personen
1 kleiner Granatapfel
4 Clementinen (ca. 350 g)
30 g getrocknete Datteln
80 g Radicchio
50 g rote Mangoldblätter
Salz | 1 TL Akazienhonig
1 TL Dijonsenf
2 TL Sherryessig | 1 EL Walnussöl
schwarzer Pfeffer aus der Mühle
Zubereitung: 30 Min.
Pro Portion: ca. 190 kcal, 2 g EW, 6 g F, 31 g KH

1 Den Granatapfel in der Mitte rundum einritzen und auseinanderbrechen. Von einer Hälfte die Kerne herauslösen, den Rest anderweitig verwenden. 3 Clementinen schälen, halbieren und ohne das Weiße in dünne Halbscheiben schneiden. Den Saft der übrigen Clementine auspressen. Die Datteln halbieren, entkernen und in kleine Stücke schneiden. Radicchio putzen und in mundgerechte Stücke zupfen. Mit Mangoldblättern waschen und trocken schleudern.

2 Den Clementinensaft mit etwas Salz verrühren. Honig, Senf und Essig unterrühren. Das Öl unterschlagen und das Dressing mit Pfeffer würzen. Die Salatblätter anrichten, Clementinenscheiben, Granatapfelkerne und Datteln darüber verteilen. Mit dem Dressing beträufeln und den Salat sofort servieren.

tipp Dazu schmecken gegrillte Ziegenkäsetaler. Dafür den Backofengrill auf 200° vorheizen. Ein Blech mit Backpapier auslegen. 4 Ziegenfrischkäsetaler (à ca. 40 g) daraufsetzen, mit 1 TL braunem Zucker bestreuen und ca. 4 Min. grillen.

RADICCHIOSALAT MIT CLEMENTINEN

ROTKOHL-CHILI-SALAT MIT MANGO

rotkohl-chili-salat mit mango

EXOTIK TRIFFT HEIMAT

Für 2 Personen
400 g Rotkohl
Salz
1 EL Ahornsirup
2 EL Reisessig
2 EL Olivenöl
1 EL geröstetes Sesamöl
schwarzer Pfeffer aus der Mühle
1 kleine Mango (ca. 250 g Fruchtfleisch)
1 rote Chilischote
1 Bund Koriandergrün
Zubereitung: 30 Min.
Marinierzeit: 1 Std.
Pro Portion: ca. 260 kcal, 3 g EW, 16 g F, 22 g KH

1 Vom Rotkohl die äußeren Blätter und den mittleren Strunk entfernen. Den Kohl sehr fein hobeln, mit 1 TL Salz bestreuen und durchkneten, damit der Kohl weich wird.

2 Für das Dressing Ahornsirup und Essig mit etwas Salz verrühren. Die beiden Ölsorten unterschlagen. Das Dressing mit Pfeffer würzen und über den Rotkohl gießen. Den Salat zugedeckt mindestens 1 Std. durchziehen lassen.

3 Die Mango schälen, das Fruchtfleisch vom Stein und in dünne Spalten schneiden. Die Chilischote waschen, putzen und schräg in sehr dünne Ringe schneiden, dabei die Kerne entfernen. Das Koriandergrün waschen und trocken tupfen. Einige Blätter ganz lassen, den Rest und die zarten Stiele hacken.

4 Den Rotkohlsalat mit Chili und gehacktem Koriander mischen und anrichten, mit den Mangospalten und Korianderblättern bestreuen.

sellerie-orangen-salat

SPANNENDE VARIATION DES KLASSIKERS

Für 2 Personen
400 g Knollensellerie
100 ml Gemüsebrühe
200 g Staudensellerie
1 grüne Chilischote
2 Orangen (ca. 350 g)
30 g Orangenmarmelade
4 TL Apfelbalsamessig
Meersalz
schwarzer Pfeffer aus der Mühle
1 EL Walnussöl
20 g Walnusskerne
Zubereitung: 35 Min.
Pro Portion: ca. 250 kcal, 6 g EW, 12 g F, 27 g KH

1 Knollensellerie schälen, zuerst in dünne Scheiben, diese dann in dünne Streifen von ca. 5 cm Länge schneiden. Die Brühe in einer Pfanne mit Deckel aufkochen, die Selleriestreifen darin zugedeckt in ca. 3 Min. garen. Die Streifen in eine Schüssel geben und abkühlen lassen.

2 Den Staudensellerie waschen, putzen, entfädeln und in kleine Würfel schneiden. Die Chilischote längs halbieren, entkernen, waschen und fein würfeln. Die Orangen schälen und die Fruchtfilets zwischen den Trennhäuten herausschneiden, dabei den austretenden Saft auffangen und den Saft aus den Fruchthüllen auspressen.

3 Für das Dressing den Orangensaft mit der Orangenmarmelade und dem Essig verrühren, salzen und pfeffern. Das Öl unterschlagen. Alle Zutaten mit dem Dressing mischen. Walnusskerne grob hacken und darüberstreuen.

champignons auf feldsalat

MACHT SATT MIT WENIG KALORIEN

Für 2 Personen
500 g Champignons
1 Bio-Zitrone
4 Stiele glatte Petersilie
125 g Feldsalat | 2 EL Olivenöl
Salz | schwarzer Pfeffer aus der Mühle
einige Spritzer Zitronensaft
2 EL Aceto balsamico
1 TL Ahornsirup
1 TL Dijonsenf
1 EL Gemüsebrühe
1 Msp. Zimtpulver
Zubereitung: 40 Min.
Pro Portion: ca. 155 kcal, 7 g EW, 11 g F, 6 g KH

1 Pilze putzen, abreiben und in Scheibchen schneiden. Die Zitrone heiß waschen, abtrocknen und die Schale abreiben. Petersilie waschen, trocken tupfen und hacken. Den Feldsalat putzen, waschen und trocken schleudern.

2 1 EL Öl in einer Pfanne erhitzen, die Pilze darin unter gelegentlichem Wenden anbraten, bis die ausgetretene Flüssigkeit wieder verdampft ist. Die Pfanne vom Herd nehmen, die Pilze salzen, pfeffern und mit einigen Spritzern Zitronensaft würzen. Die Hälfte der Zitronenschale untermischen.

3 Für das Dressing den Essig mit Ahornsirup, Senf und Brühe verrühren. Mit Salz, Pfeffer und Zimtpulver würzen. Das restliche Öl unterschlagen. Den Feldsalat ringförmig auf großen Tellern anrichten. In die Mitte die lauwarmen Pilze häufen, mit der Petersilie und der restlichen Zitronenschale bestreuen. Das Dressing über den Feldsalat träufeln. Sofort servieren.

couscoussalat mit Gemüse

IDEAL ZUM MITNEHMEN

Für 2 Personen
1 Bio-Orange
je 100 g Möhren, Pastinaken, Knollensellerie, rote Zwiebeln
5–6 Stiele glatte Petersilie
15 g Mandelblättchen | 2 EL Olivenöl
Salz | schwarzer Pfeffer aus der Mühle
125 ml Gemüsebrühe (Rezept Seite 26)
100 g Instant-Couscous (medium)
je 1/4 TL Zimtpulver und Cayennepfeffer
je 1/2 TL edelsüßes Paprikapulver und gemahlener Cumin
Zubereitung: 55 Min.
Pro Portion: ca. 380 kcal, 10 g EW, 15 g F, 51 g KH

1 Orange heiß waschen und abtrocknen, die Schale in Zesten abziehen und ca. 150 ml Saft auspressen. Gemüse schälen und grob reiben. Zwiebeln schälen, halbieren und in Streifen schneiden. Petersilie waschen, trocken tupfen und hacken. Mandeln ohne Fett rösten, dann abkühlen lassen.

2 Öl erhitzen, die Zwiebeln darin glasig dünsten. Orangenschale dazugeben und ca. 3 Min. mitdünsten. Gemüse dazugeben und unter Rühren anbraten, mit Orangensaft ablöschen und das Gemüse 4–5 Min. schmoren lassen, bis der Saft eingekocht und das Gemüse bissfest ist. Gemüse salzen und pfeffern.

3 Brühe erhitzen. Couscous mit den Gewürzen und etwas Salz mischen, die Brühe unterühren und den Couscous zugedeckt in ca. 5 Min. ausquellen und abkühlen lassen. Couscous auflockern, mit Gemüse mischen und ca. 30 Min. durchziehen lassen. Die Hälfte der Petersilie unterheben, den Rest mit den Mandeln darüberstreuen.

COUSCOUSSALAT MIT GEMÜSE

ROTE ZWIEBELSUPPE

maronensuppe mit zimtschaum

EIN SÜPPCHEN ZUM VERWÖHNEN

Für 2 Personen
1 Stange Lauch (ca. 200 g weiße und hellgrüne Teile)
100 g Staudensellerie | 100 g Zwiebeln
100 g vorgegarte Maronen (vakuumverpackt oder aus der Dose)
1 EL Olivenöl | 150 ml Weißwein
ca. 500 ml Gemüsebrühe (Rezept Seite 26)
½ Bio-Zitrone | 100 g Seidentofu
Salz | schwarzer Pfeffer | Cayennepfeffer
100 ml Milch (1,5 % Fett)
2 Msp. Zimtpulver
Zubereitung: 45 Min.
Pro Portion: ca. 380 kcal, 10 g EW, 9 g F, 52 g KH

1 Lauch putzen, gründlich waschen, längs vierteln und in ca. 2 cm große Stückchen schneiden. Staudensellerie waschen, putzen, entfädeln und klein schneiden. Zwiebeln schälen und fein würfeln. Die Maronen halbieren.

2 Das Öl erhitzen, die Zwiebeln darin glasig dünsten. Lauch, Sellerie und Maronen dazugeben und unter Rühren 2–3 Min. mitdünsten, mit Wein ablöschen. Die Brühe dazugeben, aufkochen und zugedeckt ca. 15 Min. köcheln lassen. Die Zitronenhälfte heiß waschen und abtrocknen, ca. ½ TL Schale abreiben und ca. 1 TL Saft auspressen.

3 Tofu zur Suppe geben. Suppe pürieren, eventuell etwas mehr Brühe dazugeben. Mit Salz, Pfeffer, Cayennepfeffer, Zitronensaft und -schale würzen. Die Suppe anrichten. Milch mit 1 Prise Salz und 1 Msp. Zimtpulver mischen, auf ca. 70° erhitzen und mit dem Stabmixer aufschäumen. Auf jede Portion etwas Schaum löffeln, übriges Zimtpulver darüberstäuben.

rote zwiebelsuppe

RAFFINIERT UND UMWERFEND GUT

Für 2 Personen
250 g kleine, rote Zwiebeln
1 EL Olivenöl
250 g vorgegarte Rote Bete (vakuumverpackt)
200 ml Rote-Bete-Saft
150 ml Rotwein
1 TL brauner Zucker
250 ml Gemüsebrühe (Rezept Seite 26)
¼ Beet Gartenkresse
1–2 TL Sherryessig
1–2 TL Zitronensaft
1 TL dunkles Kakaopulver
Salz | Vanille-Pfeffer (s. S. 11)
Chili Ancho (s. S. 11, oder Cayennepfeffer)
150 g Joghurt (1,5 % Fett)
Zubereitung: 40 Min.
Pro Portion: ca. 250 kcal, 7 g EW, 7 g F, 28 g KH

1 Die Zwiebeln schälen, halbieren und in dünne Streifen schneiden. Das Öl erhitzen, die Zwiebeln darin bei mittlerer Hitze in 8–10 Min. dünsten, bis sie weich und leicht gebräunt sind. Ca. 70 g Rote Bete klein würfeln, den Rest grob zerkleinern, mit Rote-Bete-Saft und Wein mit dem Stabmixer pürieren.

2 Zwiebeln mit Zucker bestreuen und unter Rühren karamellisieren lassen, mit der Rotweinmischung ablöschen. Brühe dazugeben und aufkochen, die Rote-Bete-Würfel dazugeben und alles offen ca. 5 Min. köcheln lassen. Die Kresse vom Beet schneiden, in einem Sieb waschen und trocken tupfen.

3 Die Suppe mit Essig, 1 TL Zitronensaft, Kakaopulver, Salz, Pfeffer und Chili würzen. Den Joghurt mit etwas Salz, Chili und 1 TL Zitronensaft verrühren und auf die heiße Suppe löffeln. Mit der Kresse bestreuen.

fruchtige selleriesuppe

APFEL-WALNUSS-TOPPING MACHT'S EXTRAFEIN

Für 2 Personen
ca. 250 ml Gemüsebrühe (Rezept Seite 26)
200 ml Apfelsaft
250 g Knollensellerie
200 g mehligkochende Kartoffeln
1 Schalotte
½ rotschaliger Apfel (ca. 90 g)
1 EL Olivenöl
20 g Walnusskerne
Salz | grüner Pfeffer aus der Mühle
150 ml Milch (1,5 % Fett)
frisch geriebene Muskatnuss
Cayennepfeffer
Zubereitung: 40 Min.
Pro Portion: ca. 290 kcal, 7 g EW, 13 g F, 34 g KH

1 Brühe und Apfelsaft mischen. Sellerie schälen, in ca. 3 cm große Stücke schneiden und in die Brühe geben. Kartoffeln schälen, waschen, ca. 2 cm groß würfeln und zum Sellerie geben. Alles aufkochen und zugedeckt in ca. 20 Min. weich garen.

2 Inzwischen für das Topping Schalotte schälen. Apfel waschen, abtrocknen und ungeschält mit der Schalotte sehr klein würfeln. Öl erhitzen, die Schalotte darin unter Rühren glasig dünsten. Apfelwürfel dazugeben und unter Rühren weich braten. Walnusskerne hacken, zugeben und unter Rühren kurz mitbraten. Mit Salz und Pfeffer würzen.

3 Kartoffeln und Sellerie in der Brühe mit dem Stabmixer fein pürieren, dabei die Milch dazugeben. Die Suppe erhitzen, aber nicht mehr kochen. Je nach gewünschter Konsistenz, etwas Brühe dazugeben. Mit Salz, Pfeffer, Muskat und Cayennepfeffer kräftig würzen. Die Suppe mit dem Topping anrichten.

sauerkraut-suppe

SCHNELL GEMACHT UND SUPERLECKER

Für 2 Personen
1 Zwiebel
1 Knoblauchzehe
¼ TL Kümmelkörner (oder Cumin)
250 g Sauerkraut
1 EL Olivenöl
1 EL Tomatenmark
1 TL geräuchertes Paprikapulver (s. S. 11, oder edelsüßes Paprikapulver)
200 ml Milch (1,5 % Fett)
400 ml Gemüsebrühe (Rezept Seite 26)
1 Lorbeerblatt
4 Stiele Schnittlauch
Salz | schwarzer Pfeffer aus der Mühle
Cayennepfeffer
150 g Crème légère
Zubereitung: 30 Min.
Pro Portion: ca. 260 kcal, 9 g EW, 19 g F, 13 g KH

1 Zwiebel und Knoblauch schälen und fein würfeln. Den Kümmel im Mörser fein zerstoßen. Sauerkraut klein schneiden. Öl erhitzen, die Zwiebel darin glasig dünsten. Knoblauch dazugeben und ca. 30 Sek. mitdünsten. Tomatenmark und Räucherpaprika dazugeben und unter Rühren leicht andünsten, mit Milch und Brühe ablöschen. Sauerkraut und Lorbeerblatt hinzufügen und zugedeckt ca. 15 Min. köcheln lassen, dabei ab und zu umrühren. Schnittlauch waschen, trocken tupfen und in feine Röllchen schneiden.

2 Lorbeerblatt entfernen. Die Suppe mit Salz, Pfeffer und Cayennepfeffer würzen. Die Crème légère mit etwas Salz, Räucherpaprika und Cayennepfeffer verrühren. Die Suppe anrichten, jeweils einen Klecks Crème légère und Schnittlauchröllchen daraufgeben.

FRUCHTIGE SELLERIESUPPE

TOFURAGOUT MIT CHAMPIGNONS

tofuragout mit champignons

MIT CREMIGER WEISSWEINSAUCE

Für 2 Personen
200 g Tofu (natur) | 1 Bio-Zitrone
Salz | grüner Pfeffer aus der Mühle
400 g braune Champignons
200 g Schalotten
2–3 Stiele glatte Petersilie | 1 ½ EL Olivenöl
je 100 ml trockener Weißwein, Gemüsebrühe, Sojasahne
Zubereitung: 50 Min. | Marinierzeit: 2 Std.
Pro Portion: ca. 320 kcal, 16 g EW, 20 g F, 11 g KH

1 Tofu quer in Scheiben schneiden, zwischen Küchenpapier fest ausdrücken, dann würfeln. Die Zitrone heiß waschen und abtrocken, 1 TL Schale abreiben und 2 TL Saft auspressen. Tofu mit Zitronensaft und -schale, Salz und Pfeffer würzen und zugedeckt ca. 2 Std. kalt stellen. Pilze putzen, abreiben, halbieren oder ganz lassen. Schalotten schälen und in Spalten schneiden. Die Petersilie waschen, trocken tupfen und hacken.

2 Einen Wok erhitzen, ½ EL Öl darin heiß werden lassen. Tofu darin unter Rühren in 3–4 Min. goldgelb anbraten. Herausnehmen und beiseitestellen. Übriges Öl erhitzen, Schalotten darin bei kleiner Hitze unter Rühren in ca. 5 Min. glasig dünsten, dann an den Rand schieben.

3 Die Temperatur erhöhen, die Pilze dazugeben und ca. 4 Min. braten, bis die ausgetretene Flüssigkeit wieder verdunstet ist. Salzen und pfeffern, mit Wein und Brühe ablöschen. Alles aufkochen und offen etwas einkochen lassen. Sojasahne einrühren. Den Tofu in der Sauce erwärmen. Das Ragout mit Salz, Pfeffer und Cayennepfeffer würzen. Mit Petersilie bestreuen. Dazu passt Reis oder Baguette.

rote-bete-risotto mit walnüssen

SEHR FEIN AUCH FÜR GÄSTE

Für 2 Personen
250 g Rote Bete | 1 Schalotte
10 g frischer Ingwer
ca. 500 ml Gemüsebrühe (Rezept Seite 26)
1 EL Olivenöl
120 g Risottoreis (Arborio oder Carnaroli)
75 ml trockener Weißwein
2–3 Stiele glatte Petersilie
15 g Walnusskerne
2–3 TL alter Aceto balsamico
Vanille-Salz (s. S. 11, oder Meersalz)
schwarzer Pfeffer | 1–2 TL Crème fraîche
Zubereitung: 55 Min.
Pro Portion: ca. 390 kcal, 7 g EW, 10 g F, 60 g KH

1 Rote Bete schälen (Einweghandschuhe verwenden!), zuerst in dünne Scheiben hobeln, diese in Streifen und kleine Würfel schneiden. Schalotte schälen und fein würfeln. Ingwer schälen und reiben. Brühe in einem Topf aufkochen und heiß halten.

2 Das Öl in einem Topf erhitzen, die Schalotte darin glasig dünsten. Rote Bete dazugeben und unter Rühren 2–3 Min. mitdünsten. Den Reis hinzufügen und unter Rühren ca. 2 Min. mitdünsten. Mit dem Wein ablöschen und verdampfen lassen. Die heiße Brühe kellenweise dazugießen, bis sie vollkommen aufgenommen ist. Den Risotto unter häufigem Rühren in ca. 20 Min. garen.

3 Petersilie waschen, trocken tupfen und nicht zu fein hacken. Walnusskerne in einer Pfanne ohne Fett rösten, dann abkühlen lassen und hacken. Den Risotto 2–3 Min. ziehen lassen, mit Essig, Salz und Pfeffer würzen und anrichten. Crème fraîche, Nüsse und Petersilie daraufgeben.

safran-bulgur mit möhren

GENIEẞEN WIE IM ORIENT

Für 2 Personen
1 Msp. Safranfäden
180 ml Gemüsebrühe (Rezept Seite 26)
80 g Bulgur | 80 g rote Zwiebeln
200 g Möhren
30 g getrocknete Soft-Aprikosen
3–4 Stiele glatte Petersilie
125 g Kichererbsen (aus der Dose)
1 EL Olivenöl
½-1 TL Harissa
¼ TL Zimtpulver
¼ TL gemahlener Cumin
Salz | schwarzer Pfeffer aus der Mühle
1–2 TL Zitronensaft
Zubereitung: 40 Min.
Pro Portion: ca. 300 kcal, 10 g EW, 7 g F, 47 g KH

1 Safran im Mörser fein zerreiben, mit 1 EL Wasser verrühren. Brühe aufkochen. Bulgur in einem Sieb gründlich waschen und mit Safran in die Brühe geben. Den Bulgur zugedeckt bei kleiner Hitze ca. 10 Min. köcheln lassen.

2 Zwiebeln schälen und fein hacken. Möhren putzen, schälen und in dünne Scheiben hobeln. Die Aprikosen sehr fein würfeln. Die Petersilie waschen, trocken tupfen und hacken. Kichererbsen waschen und abtropfen lassen.

3 Einen Wok erhitzen, das Öl darin heiß werden lassen. Zwiebeln darin unter Rühren glasig dünsten. Die Möhren dazugeben und unter Rühren 2–3 Min. mitbraten. Bulgur und Kichererbsen unterrühren und erwärmen. Mit Harissa, Zimtpulver, Cumin, Salz und Pfeffer würzen. Mit Zitronensaft abschmecken. Mit Petersilie bestreut servieren.

süßkartoffeln mit limetten-dip

MIT KNACKIGEM CASHEWNUSS-TOPPING

Für 2 Personen
400 g Süßkartoffeln
1 EL Olivenöl
Salz | schwarzer Pfeffer aus der Mühle
5–6 Stiele glatte Petersilie
20 g Cashewnusskerne
1 Bio-Limette
1 kleine, grüne Chilischote
5 g frischer Ingwer
150 g Joghurt (1,5 % Fett)
Zubereitung: 40 Min.
Pro Portion: ca. 320 kcal, 7 g EW, 11 g F, 46 g KH

1 Den Backofen auf 180° vorheizen. Die Süßkartoffeln schälen und quer in ca. 2 cm dicke Scheiben schneiden. Den Ofenrost mit Alufolie auslegen. Die Süßkartoffeln darauflegen und mit Öl bestreichen, salzen und pfeffern. Im Backofen (Mitte, Umluft 160°) 20–25 Min. backen.

2 Inzwischen die Petersilie waschen, trocken tupfen und hacken. Die Cashewnusskerne in einer Pfanne ohne Fett goldgelb rösten, dann abkühlen lassen und hacken. Die Limette heiß waschen und abtrocknen, die Schale abreiben und den Saft auspressen. Die Chilischote längs halbieren, entkernen, waschen und fein hacken. Den Ingwer schälen und fein reiben.

3 Für den Dip den Joghurt mit etwas Salz, Ingwer und 1 TL Limettensaft verrühren. Für das Topping Petersilie mit Limettenschale, restlichem Limettensaft, Cashewnusskernen, Chili und 1 Prise Salz mischen. Die Süßkartoffelscheiben mit Dip und Topping anrichten.

SÜSSKARTOFFELN MID LIMETTEN-DIP

safran

So benötigt man eine geringere Menge als bei der Verwendung der ganzen Fäden: Die Safranfäden mit 1 Prise Zucker oder Salz als Schleifmittel im Mörser fein zerreiben. Den Safran mit 2–3 EL Kochflüssigkeit, Wasser, Saft oder Brühe verrühren und ca. 15 Min. stehen lassen. Die Flüssigkeit nach gut der Hälfte der Garzeit an das Essen geben. So verteilt sich der Safran gleichmäßig und das feine Aroma entwickelt sich optimal.

SAFRAN-BULGUR MIT MÖHREN

wokgemüse mit tofu in orangen-zimt-sauce

ASIATISCH MIT REGIONALEN ZUTATEN

Für 2 Personen
1 Bio-Orange (ca. 150 g)
ca. 1 TL Sambal oelek
1 TL Honig
Salz
¼–½ TL Zimtpulver
200 g Tofu (natur)
100 g rote Zwiebeln
600 g gemischte Gemüse (z. B. Pastinaken, Möhren, Rote Bete, Staudensellerie, Süßkartoffeln)
1½ EL Rapsöl
100 ml Gemüsebrühe (Rezept Seite 26)
3 Stiele Koriandergrün
schwarzer Pfeffer aus der Mühle
Zubereitung: 1 Std. 10 Min.
Marinierzeit: 2 Std.
Pro Portion: ca. 335 kcal, 13 g EW, 13 g F, 40 g KH

1 Die Orange heiß waschen und abtrocknen, die Schale abreiben und den Saft (100–150 ml) auspressen. Den Saft mit der Hälfte der Schale, Sambal oelek, Honig, Salz und ¼ TL Zimtpulver verrühren. Den Tofu zwischen Küchenpapier auspressen und in ca. 2 cm große Würfel schneiden. Mit der Marinade mischen und zugedeckt mindestens 2 Std. im Kühlschrak marinieren.

2 Die Zwiebeln schälen, halbieren und in Spalten schneiden. Das Gemüse putzen, schälen und in gleich große Stifte, Spalten oder Würfel schneiden. Den Tofu abtropfen lassen, dabei die Marinade auffangen.

3 Einen beschichteten Wok erhitzen, ½ EL Öl darin heiß werden lassen. Den Tofu darin unter Rühren 3–4 Min. kräftig anbraten, bis er leicht gebräunt ist. Den Tofu herausnehmen und beiseitestellen.

4 Übriges Öl erhitzen, die Zwiebeln darin 2–3 Min. braten. Die Rote Bete dazugeben und ca. 2 Min. mitbraten. Pastinaken und Möhren hinzufügen, ebenfalls unter Rühren ca. 2 Min. braten. Sellerie und Süßkartoffeln kurz mitbraten. Das Gemüse mit der Marinade und der Brühe ablöschen, zugedeckt bei mittlerer Hitze in ca. 20 Min. bissfest garen, dabei gelegentlich wenden.

5 Inzwischen das Koriandergrün waschen, trocken tupfen und grob hacken. Den Tofu zum Gemüse geben und erhitzen. Das Gemüse salzen, pfeffern, nach Belieben mit etwas Sambal oelek und Zimtpulver würzen. Mit der restlichen Orangenschale und dem Koriandergrün bestreut servieren.

variante Den Tofu durch 100 g Schafskäse (Feta) ersetzen. Dafür den Käse zerbröckeln oder reiben und zum Servieren über das Gemüse streuen.

bouillongemüse mit backpflaumen

WÜRZIG, SÜẞLICH UND ANGENEHM SCHARF

Für 2 Personen
350 g Möhren
250 g überwiegend festkochende Kartoffeln
200 g Lauch | 10–15 g frischer Ingwer
80 g Zwiebeln | 60 g Soft-Backpflaumen
1 EL Olivenöl
500 ml Gemüsebrühe (Rezept Seite 26)
1 Lorbeerblatt | 3–4 Stiele glatte Petersilie
5–6 Pimentkörner
Salz | schwarzer Pfeffer aus der Mühle
2–3 TL Aceto balsamico bianco
150 g Joghurt (3,5 % Fett)
Zubereitung: 1 Std.
Pro Portion: ca. 300 kcal, 9 g EW, 9 g F, 44 g KH

1 Möhren putzen, schälen, längs vierteln und in 4–5 cm lange Stücke schneiden. Kartoffeln schälen und in ähnlich große Spalten schneiden. Lauch putzen und waschen. Das Weiße in ca. 2 cm breite Scheiben schneiden. Ingwer schälen und reiben. Zwiebeln schälen und würfeln. Pflaumen vierteln.

2 Öl in einem Wok erhitzen, die Zwiebeln darin glasig dünsten. Möhren dazugeben und unter Rühren ca. 2 Min. anbraten, mit Brühe ablöschen. Ingwer und Lorbeerblatt dazugeben, alles aufkochen und zugedeckt ca. 5 Min. köcheln lassen. Kartoffeln zufügen und ca. 7 Min. köcheln lassen. Die Backpflaumen und den Lauch dazugeben und zugedeckt 6–8 Min. köcheln lassen. Petersilie waschen, trocken tupfen und hacken. Die Pimentkörner im Mörser zerstoßen.

3 Das Gemüse offen 2–3 Min. köcheln lassen, bis die Brühe leicht sämig ist. Mit Piment, Salz, Pfeffer und Essig würzen. Mit Petersilie bestreuen. Den Joghurt mit 1 Prise Salz verrühren und dazu servieren.

rosenkohl-kartoffel-gemüse

MIT PANCH PHORON UND SCHARFEM DIP

Für 2 Personen
350 g Kartoffeln | Salz
500 g Rosenkohl | 200 g rote Zwiebeln
½ Bund Koriandergrün | ½–1 rote Chilischote
1 Bio-Limette
150 g Joghurt (1,5 % Fett) | 1 EL Olivenöl
1 TL Panch Phoron (s. S. 11) | schwarzer Pfeffer
Zubereitung: 1 Std. 5 Min.
Pro Portion: ca. 280 kcal, 16 g EW, 7 g F, 35 g KH

1 Die Kartoffeln unter fließendem Wasser bürsten und in Salzwasser in ca. 20 Min. garen. Den Rosenkohl putzen, je nach Größe halbieren oder ganz lassen und in einen Dämpfeinsatz geben. Etwas Wasser in einem Topf aufkochen. Den Rosenkohl über dem Dampf in ca. 8 Min. garen.

2 Zwiebeln schälen, halbieren und in Spalten schneiden. Kartoffeln abgießen, ausdampfen lassen, pellen und in grobe Stücke schneiden. Koriandergrün waschen, trocken tupfen und mit den Stielen fein hacken. Chilischote längs halbieren, entkernen, waschen und fein hacken. Limette heiß waschen und abtrocknen, 1 TL Schale abreiben und 2 TL Saft auspressen. Den Joghurt mit Salz, Limettensaft, Chili, Koriandergrün und Limettenschale verrühren.

3 Einen Wok erhitzen, das Öl darin heiß werden lassen. Die Zwiebeln darin unter Rühren 4–5 Min. anbraten und an den Rand schieben. Panch Phoron darin kurz anrösten, bis es duftet. Dann mit den Zwiebeln mischen und wieder an den Rand schieben. Die Kartoffeln in den Wok geben und bei mittlerer bis großer Hitze goldgelb rösten. Rosenkohl dazugeben und kurz erhitzen. Alles gut mischen, mit Salz und Pfeffer würzen. Mit dem Dip anrichten.

BOUILLONGEMÜSE MIT BACKPFLAUMEN

reisnudeln mit chinakohl, möhren und pilzen

ASIATISCH INSPIRIERT

Für 2 Personen
10 g getrocknete Mu-Err-Pilze
1 schmale Stange Lauch (nur das Weiße, ca. 80 g)
100 g Möhren
80 g Reisbandnudeln
30 g frischer Ingwer
1 Knoblauchzehe
1 rote Chilischote
200 g Chinakohl
1 kleines Bund Koriandergrün
1 EL Erdnussöl
300–400 ml Gemüsebrühe (Rezept Seite 26)
2 EL trockener Sherry
30 g Kokoscreme (Block)
Salz | schwarzer Pfeffer aus der Mühle
1–2 TL Sojasauce
Sambal oelek (nach Belieben)
Zubereitung: 55 Min.
Pro Portion: ca. 390 kcal, 27 g EW, 17 g F, 47 g KH

1 Die Pilze in eine Schüssel geben, mit kochend heißem Wasser übergießen und zugedeckt ca. 30 Min. ziehen lassen. Inzwischen den Lauch putzen, gründlich waschen und zuerst in ca. 5 cm lange Stücke, dann längs in dünne Streifen schneiden. Möhren putzen, schälen und in Juliennestreifen hobeln.

2 Die Reisbandnudeln nach Packungsangabe einweichen, dabei öfter umrühren, damit sie nicht verkleben. Anschließend die Nudeln nach Packungsangabe kochen, abgießen und kalt abschrecken.

3 Den Ingwer schälen und grob reiben. Den Knoblauch schälen und fein hacken. Die Chilischote längs halbieren, entkernen, waschen und klein würfeln. Den Chinakohl putzen, waschen und in dünne Streifen schneiden. Das Koriandergrün waschen, trocken tupfen und mit den zarten Stielen hacken. Die Pilze abtropfen lassen, trocken tupfen und klein schneiden.

4 Einen Wok erhitzen, das Öl darin heiß werden lassen. Ingwer, Knoblauch und Chili darin kurz andünsten. Den Lauch dazugeben und unter Rühren ca. 1 Min. anbraten. Die Möhren hinzufügen und unter Rühren ca. 1 Min. mitbraten. Den Chinakohl hinzufügen und ca. 1 Min. braten. Mit der Brühe und dem Sherry ablöschen.

5 Alles aufkochen, die Kokoscreme in Stückchen dazugeben und schmelzen lassen. Die Pilze und die Reisnudeln unter das Gemüse rühren und erwärmen. Mit Salz, Pfeffer, Sojasauce und nach Belieben mit Sambal oelek würzen. Mit dem Koriandergrün bestreuen und servieren.

weißkohl mit spätzle und käse

KLASSISCH, DEFTIG UND DENNOCH LEICHT

Für 2 Personen
400 g Weißkohl
100 g Gemüsezwiebeln
½ TL Kümmelkörner
1 EL Butterschmalz
ca. 150 ml Gemüsebrühe (Rezept Seite 26)
200 g Spätzle (aus dem Kühlregal)
4 Stiele glatte Petersilie
Salz | schwarzer Pfeffer aus der Mühle
frisch geriebene Muskatnuss
Chiliflakes
1–2 TL geräuchertes Paprikapulver (s. S. 11)
30 g frisch geriebener Bergkäse (oder Greyerzer)
Zubereitung: 40 Min.
Pro Portion: ca. 320 kcal, 14 g EW, 13 g F, 37 g KH

1 Den Weißkohl putzen, den Strunk entfernen und den Kohl in hauchdünne Streifen hobeln. Die Zwiebeln schälen und fein würfeln. Den Kümmel im Mörser zerstoßen.

2 ½ EL Butterschmalz einer Pfanne erhitzen, die Zwiebeln darin glasig bis goldgelb dünsten. Den Kohl und den Kümmel dazugeben und alles unter regelmäßigem Rühren 12–15 Min. braten, ohne dass der Kohl braun wird. Brühe nach und nach dazugießen.

3 In einer zweiten Pfanne das übrige Butterschmalz erhitzen, die Spätzle darin in 3–5 Min. goldgelb braten. Die Petersilie waschen, trocken tupfen und hacken.

4 Den Kohl und die Spätzle mischen, mit Salz, Pfeffer, Muskat, Chiliflakes und Paprikapulver würzen. Die Mischung mit dem Käse bestreuen und den Käse schmelzen lassen. Mit Petersilie bestreut servieren.

ofengemüse mit orangensauce

MIT FRISCHEM WINTERGEMÜSE VOM MARKT

Für 2 Personen
900 g gemischtes Gemüse (z. B. rote Zwiebeln, Süßkartoffeln oder Kürbis, festkochende Kartoffeln (ca. 3 kleine), Pastinaken, Möhren und Knollensellerie)
1 Bio-Orange
1 TL Dijonsenf | 3 TL körniger Senf
Salz | schwarzer Pfeffer aus der Mühle
1 ½ EL Olivenöl
4 Stiele glatte Petersilie
150 g Joghurt (1,5 % Fett)
Zubereitung: 45 Min. | Backzeit: 50 Min.
Pro Portion: ca. 260 kcal, 8 g EW, 10 g F, 32 g KH

1 Den Ofen auf 200° vorheizen. Zwiebeln schälen und in Spalten schneiden. Das Gemüse putzen, schälen, waschen und in kleinfingergroße Stifte oder Spalten schneiden (festere Sorten wie Pastinaken und Möhren schmaler schneiden). Die Orange heiß waschen und abtrocknen, die Schale abreiben und den Saft (ca. 100 ml) auspressen.

2 Für die Sauce den Orangensaft und die Hälfte der Orangenschale mit Dijonsenf und 2 TL körnigem Senf verrühren, salzen und pfeffern. 1 EL Öl unterschlagen.

3 Eine ofenfeste Form (ca. 16 x 24 cm) mit dem übrigen Öl einfetten. Gemüse darin verteilen, Orangen-Senf-Sauce darüberträufeln. Das Gemüse im Ofen (Mitte, Umluft 180°) in 30–40 Min. garen, dabei mehrmals wenden. Die Petersilie waschen, trocken tupfen und hacken. Mit der restlichen Orangenschale und dem übrigen körnigen Senf mischen. Das Gemüse mit einem Klecks Joghurt anrichten, mit der Petersilienmischung bestreuen und servieren.

OFENGEMÜSE MIT ORANGENSAUCE

sauerkraut mit schupfnudeln

KLASSIKER AUF DIE LEICHTE ART

Für 2 Personen
300 g mehligkochende Kartoffeln
Salz
80 g Zwiebeln
1 EL Olivenöl
350 g frisches Weinsauerkraut
ca. 200 ml Gemüsebrühe
(Rezept Seite 26)
1 Lorbeerblatt
3–4 Wacholderbeeren
1 Eigelb
schwarzer Pfeffer aus der Mühle
frisch geriebene Muskatnuss
40 g feiner Hartweizengrieß
40 g Mehl
2 Stiele glatte Petersilie
50 g Frischkäse (16 % Fett)
Zubereitung: 1 Std. 25 Min.
Pro Portion: ca. 365 kcal, 15 g EW, 11 g F, 50 g KH

1 Die Kartoffeln schälen und in kochendem Salzwasser in ca. 30 Min. weich garen. Inzwischen die Zwiebeln schälen und fein hacken. 1 ½ TL Öl in einem Topf erhitzen, die Zwiebeln darin glasig dünsten. Sauerkraut, Brühe, Lorbeerblatt und Wacholderbeeren dazugeben, aufkochen und zugedeckt bei kleiner Hitze ca. 45 Min. köcheln lassen. Nach Bedarf etwas Brühe zugießen.

2 Die Kartoffeln abgießen, ausdampfen lassen und durch die Kartoffelpresse in eine Schüssel drücken und mit dem Eigelb vermischen. Mit Salz, Pfeffer und Muskat würzen. Den Grieß und das Mehl nach und nach unterkneten, bis der Teig nicht mehr klebt.

3 Reichlich Salzwasser in einem Topf aufkochen. Den Backofen auf 80° vorheizen. Eine Auflaufform mit dem restlichem Öl einfetten. Den Kartoffelteig zu 2 Rollen (ca. 3 cm ø) formen, die Rollen in ca. 1 cm breite Stücke schneiden. Die Stücke zu ca. 5 cm langen Röllchen mit spitzen Enden formen.

4 Die Schupfnudeln portionsweise in das siedende (nicht kochende) Salzwasser geben. Wenn sie an die Oberfläche steigen, die Schupfnudeln mit einer Schaumkelle herausheben, abtropfen lassen, in die Form geben und im Backofen warm halten.

5 Die Petersilie waschen, trocken tupfen und hacken. Das Sauerkraut an den Rand schieben, Lorbeerblatt und Wacholderbeeren entfernen. Den Frischkäse einrühren und erwärmen. Das Kraut mit den Schupfnudeln anrichten und mit der Petersilie bestreuen.

wintersnacks

1 apfel-meerrettich-quark

TOLL ZU OFENKARTOFFELN UND VOLLKORNBROT

Für 2 Personen | Zubereitung: 10 Min.
Pro Portion: ca. 130 kcal, 17 g EW, 1 g F, 12 g KH
250 g Magerquark | 2 TL frisch geriebener Meerrettich (oder aus dem Glas) | Salz | grüner Pfeffer aus der Mühle | 1 Apfel (ca. 180 g) | 20 g Senfsprossen | 4 Apfelspalten (nach Belieben)

1 Den Quark und den Meerrettich in einer Schüssel verrühren, mit Salz und Pfeffer würzen.

2 Den Apfel waschen, mit der Schale fein reiben und unter den Quark mischen. Die Sprossen in einem Sieb waschen, trocken tupfen und über den Quark streuen. Nach Belieben mit Apfelspalten garnieren.

2 walnuss-tofu-dip

FEIN MIT RÖSTKARTOFFELN ODER MÖHREN

Für 2 Personen | Zubereitung: 15 Min.
Pro Portion: ca. 210 kcal, 11 g EW, 12 g F, 15 g KH
20 g Walnusskerne | 200 g Tofu (natur) | 125 g ungesüßtes Apfelmus | 1 TL geriebener Meerrettich (aus dem Glas) | Salz | schwarzer Pfeffer aus der Mühle | frisch geriebene Muskatnuss | 1 TL Zitronensaft | 1/4 Beet Gartenkresse

1 Die Walnusskerne in einer Pfanne ohne Fett rösten, dann abkühlen lassen und fein hacken. Den Tofu mit Küchenpapier ausdrücken und zerbröckeln.

2 Tofu und Apfelmus mit dem Stabmixer fein pürieren. Mit Meerrettich, Salz, Pfeffer, Muskat und Zitronensaft würzen. Die Walnüsse untermischen. Die Kresse vom Beet schneiden, in einem Sieb waschen, trocken tupfen und über den Dip streuen.

3 bratapfelsmoothie

WINTERZAUBER ZUM TRINKEN

Für 2 Gläser | Zubereitung: 25 Min.
Pro Glas: ca. 190 kcal, 3 g EW, 10 g F, 21 g KH
2 kleine Äpfel (ca. 250 g) | 20 g Butter | 150 ml Apfelsaft | 150 g Joghurt (1,5 % Fett) | 1 Msp. Zimtpulver | 1 Msp. Ingwerpulver

1 Die Äpfel schälen, vierteln, entkernen und in kleine Stücke schneiden. Die Butter zerlassen, die Apfelstücke darin unter Rühren sehr weich braten. Dann herausnehmen und abkühlen lassen.

2 Die Äpfel mit dem Apfelsaft mischen und mit dem Stabmixer fein pürieren. Den Joghurt dazugeben und nochmals mixen. Den Smoothie in Gläser füllen. Mit Zimt- und Ingwerpulver bestreut servieren.

1
3
2

rezeptregister

bücher und adressen, die weiterhelfen

BÜCHER

Kathrin Klever-Schubert/Alexandra Endres
Der große Klever
Kalorien & Nährwerte 2010/2011
Gräfe und Unzer Verlag, München 2009

Prof. Dr. I. Elmadfa/W. Aign/Prof. Dr. E. Muskat/
Dipl. oec. troph. D. Fritsche
Die große GU Nährwert-Kalorien-Tabelle 2011/2012
Gräfe und Unzer Verlag, München 2010

Prof. Dr. Jürgen Vormann/Christina Wiedemann
Der Lebensmittel-IQ
Genial gesund essen
Gräfe und Unzer Verlag, München 2009

E. Lange/E. Trunz-Carlisi
Schlankmacher
Die 50 besten GU Tipps
Gräfe und Unzer Verlag, München 2009

Dr. med. D. Pape/Dr. med. B. Quadbeck/A. Cavelius
Die Hormonformel
Wie Frauen wirklich abnehmen
Gräfe und Unzer Verlag, München 2009

...mehr von Bettina Matthaei

Bettina Matthaei
Vegetarisch vom Feinsten
Gräfe und Unzer Verlag, München 2011

Bettina Matthaei
99 federleichte Genussrezepte
Gräfe und Unzer Verlag, München 2009

Bettina Matthaei
1 Salat – 50 Dressings
Gräfe und Unzer Verlag, München 2009

Bettina Matthaei & Anna Tròkes
YOGA-Kochbuch
Gräfe und Unzer Verlag, München 2008

WO BEKOMMT MAN DIE ZUTATEN FÜR DIE FEDERLEICHTEN REZEPTE

Die meisten Zutaten sind in jedem gut sortierten Supermarkt oder auf dem Wochenmarkt erhältlich. Auch die Discounter bieten inzwischen ein großes Sortiment qualitativ hochwertiger Produkte an.
Wer Wert auf Bio-Produkte legt, kauft im Naturkostladen, Bio-Supermarkt oder bei regionalen, zertifizierten Betrieben, die auch auf Wochenmärkten verkaufen.

INTERNETADRESSEN

Hier gibt es alle Arten von frischen Zutaten und Kräutern, auch exotische Zutaten:

www.gourmondo.de
www.frischeparadies.de

Hier gibt es gute Rohgewürze und aromatische Mischungen:

www.1001gewuerze.de
www.violas.de

Wildkräuter, Würzkräuter und essbare Bluten können Sie über nachstehende Adresse beziehen:

www.essbare-landschaften.de

Regionales, saisonales frisches Obst und Gemüse wird auch kistenweise angeliefert. Unter dieser Adresse kann man den Lieferbetrieb seiner Region finden:

www.bioverzeichnis.de/biofachhandel

Gesundheit und Genuss

Mit Leichtigkeit zum Wohlbefinden

ISBN 978-3-8338-1852-3
144 Seiten

ISBN 978-3-8338-0744-2
144 Seiten

ISBN 978-3-8338-2164-6
144 Seiten

Das macht sie so besonders:

- Rezepte mit Genussgarantie
- viele Rundum-gesund-Tipps
- fundierte Informationen – verständlich erklärt

G|U

Willkommen im Leben.

küchen götter.de
powered by G|U

Einfach göttlich kochen und himmlisch speisen?
Die passenden Rezepte, Küchentipps und -tricks in Wort und Film finden Sie ganz einfach unter:
www.küchengötter.de

impressum

DIE AUTORIN
Bettina Matthaei ist als Kochbuchautorin, Foodjournalistin (Mitglied im Food Editors Club), Grafikerin und Trickfilmerin vielfach kreativ. Aus ihrer Leidenschaft fürs Kochen und ganz besonders für Gewürze entstanden viele Kochbücher. »99 federleichte vegetarische Genussrezepte« ist bereits ihr zwölftes Buch. Darüber hinaus schreibt sie Kolumnen für Zeitschriften und Internetportale, hält Vorträge und Workshops, immer mit dem Schwerpunkt auf raffiniertes und gesundes Würzen. Ihre aromatischen Gewürzmischungen kann man online bestellen (www.1001gewuerze.de). Auf ihren vielen Reisen in die klassischen Gewürzländer Indien, Indonesien oder Brasilien, in die Karibik oder in arabische Länder lässt sie sich inspirieren (www.bettina-matthaei.de).

DER FOTOGRAF
Wolfgang Schardt kann seine Liebe für Essen und Trinken beruflich ausleben. In seinem Studio in Hamburg fotografiert er vor allem Food, Stills und Interieur für Magazine wie FEINSCHMECKER, für Verlage und Werbung. Unterstützt wurde er von Anne-Katrin Weber, die für das Foodstyling und die Requisite verantwortlich war.

BILDNACHWEIS
Titelfoto und alle anderen:
Wolfgang Schardt, Hamburg

Syndication:
www.jalag-syndication.de

TITELBILDREZEPT
Sommervariante von Couscoussalat mit Gemüse (mit Zucchini und Tomaten, S. 116)

Projektleitung: Birgit Rademacker
Lektorat: Maryna Zimdars
Korrektorat: Mischa Gallé
Umschlaggestaltung und Innenlayout: independent Medien-Design, Horst Moser, München
Satz: Bernd Walser Buchproduktion, München
Herstellung: Claudia Häusser
Reproduktion: Repro Ludwig, Zell am See
Druck und Bindung: Printer, Trento

ISBN 978-3-8338-2309-1

1. Auflage 2011

GRÄFE UND UNZER

Ein Unternehmen der
GANSKE VERLAGSGRUPPE

DAS ORIGINAL MIT GARANTIE GU

Unsere Garantie

Alle Informationen in diesem Ratgeber sind sorgfältig und gewissenhaft geprüft. Sollte dennoch einmal ein Fehler enthalten sein, schicken Sie uns das Buch mit dem entsprechenden Hinweis an unseren Leserservice zurück. Wir tauschen Ihnen den GU-Ratgeber gegen einen anderen zum gleichen oder ähnlichen Thema um.

Liebe Leserin und lieber Leser,

wir freuen uns, dass Sie sich für ein GU-Buch entschieden haben. Mit Ihrem Kauf setzen Sie auf die Qualität, Kompetenz und Aktualität unserer Ratgeber. Dafür sagen wir Danke! Wir wollen als führender Ratgeberverlag noch besser werden. Daher ist uns Ihre Meinung wichtig. Bitte senden Sie uns Ihre Anregungen, Ihre Kritik oder Ihr Lob zu unseren Büchern. Haben Sie Fragen oder benötigen Sie weiteren Rat zum Thema? Wir freuen uns auf Ihre Nachricht!

Wir sind für Sie da!
Montag – Donnerstag:
8.00 – 18.00 Uhr;
Freitag: 8.00 – 16.00 Uhr
Tel.: 0180-5 00 50 54*
Fax: 0180-5 01 20 54*
*(0,14 €/Min. aus dem dt. Festnetz/ Mobilfunkpreise maximal 0,42 €/Min.)
E-Mail:
leserservice@graefe-und-unzer.de

P.S.: Wollen Sie noch mehr Aktuelles von GU wissen, dann abonnieren Sie doch unseren kostenlosen GU-Online-Newsletter und/oder unsere kostenlosen Kundenmagazine.

GRÄFE UND UNZER VERLAG
Leserservice
Postfach 86 03 13
81630 München